JN409562

호텔 스파 매니지먼트

김윤정 · 정미주

머리말

삶의 질이 향상 되면서 여가생활과 문화산업 또한 해마다 성장하는 분야로 크게 성장하면서 SPA 분야도 한층 각광을 받고 있다. 그러나 실지로 SPA 산업이 융복합 분야로의 역할에서 두드러지는 것은 의료, 문화, 호텔관광 컨텐츠와의 시너지 효과라고 할 수 있다.

특히 SPA 산업은 전체적으로 '건강과 아름다움'이라는 사회 코드와 맞물려 있는데, 호텔 분야의 고품격 서비스를 활용한 관광산업이면서 더불어 고용 창출에서 큰 역할로 자리매김하고 있으며 호텔 SPA 분야 역시 한류문화의 한자리를 확보해가고 있다.

호텔 SPA 매니지먼트는 미용 및 호텔 서비스를 공부하는 학생들에게 입문서 역할을 해주는 교재로 본 교재 역시 해마다 빠르게 변화하는 미용 및 SPA 산업에서 시대의 흐름을 반영하는 내용을 담고자 노력하였다.

본 서는 다년간의 전문가 그룹의 경험 및 전문서들을 참고로 하여 다각도의 의견 조율을 통해 호텔스파 전반에 대한 이해 및 개론을 기술하고자 노력하였다. 또한 아직 본 산업 분야에서 용어 정립이 혼용되어 사용되고 있는 실정이므로, 이에 본서를 접하는 전문가들과 다소 이견이 있더라도 너그러운 마음으로 이해해주기를 바라며, 이후 출간되는 관련 도서에서는 미흡한 점들이 더 보완되고 강화되리라 기대한다.

마지막으로 본 교재 발간을 위해 어려움을 지원해 주신 가담출판사 대표님과 사진 자료 등을 제공해주신 많은 분들께 감사의 말씀을 전한다.

2017. 2 저자 일동

HOTEL SPA MANAGEMENT
목차

Contents

제1장. 호텔의 이해

Contents

제2장. 호텔 스파 서비스

Contents

제3장. 고객응대하기

제4장. 고객 정보처리하기

제5장. 채용과 직원관리

Contents

제1장. 호텔의 이해

1. 호텔

1) 호텔 개념

호텔은 일정한 지불 능력이 있는 사람에게 객실과 식음료를 제공할 수 있는 시설을 갖추고 잘 훈련되고 예의 바른 종업원들이 고객에게 적절한 서비스를 제공하도록 하여 그 대가를 받는 기업으로 정의된다.

이전에 호텔은 숙박 위주로 이에 부수되는 식음료 등을 제공하는 단순한 관광객 숙식처 기능 정도로 이해되어 졌으나, 현대에 와서 호텔 업계의 치열한 경쟁에서 살아남기 위해 고객에게 객실과 식음료 제공하는 것 외에도 고객의 새롭고 다양한 욕구를 충족시켜줄 수 있는 서비스를 제공해야 한다.

오늘날 호텔은 보다 포괄적인 개념으로 정의되고 있는데, 다양한 목적에 의한 모임증가, 여가시간 확대와 소득 증대, 교통수단 발달 등의 요인으로 인한 사교모임의 장소, 사업 활동, 연회, 결혼식, 레저, 레크리에이션의 장소, 그리고 학술활동 장소로서의 기능과 이에 수반하는 물적, 인적 신속한 정보를 제공하는 곳으로 고객의 생명과 재산의 보호, 생활의 편리함을 목적으로 자리 메김하고 있기 때문이다.

[그림 1-1] 호텔

2) 호텔산업의 특성

지역사회와 국가 경제에 중요한 역할을 하고 있는 호텔산업은 여러 이질적인 특성 때문에 타 사업보다 관리에 어려움이 따르고 항상 새로운 경영 전략과 환경 적응 매커니즘이 요구된다.

(1) 경영의 특성

① 노동집약적이며 기술집약적 사업으로 기계화의 한계성이 있다. 호텔 대부분의 활동이 인적서비스에 의해 이루어지기 때문에 이 부분이 경영성과에 가장

큰 영향을 미친다.

② 호텔 제품은 이동이 불가능한 비 전매성 상품이며, 소비가 순간적이기 때문에 소비자의 주문에 의해 그 장소에서 제공되지 않으면 아무런 결실이 없다.

③ 시설 투자비가 많아 고정자산 비율이 높다.

④ 고정비 지출이 높고 유동자산의 활용이 적어 자본 회전율이 낮다.

일반 기업이 유동 자산(상품, 현금)의 비중이 비교적 큰 자본의 유동성을 지니고 있는데 반해 호텔은 총 자본금 중 고정 자산이 차지하는 비중이 약 70% 이상으로 자본에 대한 고정 자산 비율이 높다. 호텔 수익은 투자된 자본이 얼마나 회전하느냐 하는 회전속도의 회수에 좌우된다.

⑤ 장치산업의 성격으로 수요가 많아도 공급을 증가시킬 수 없는 비신축성 상품이며 계절적 요인이 강하게 작용해 비수기(off season), 성수기(on season), 완충기(shoulder season)로 구분된다. 성수기, 비수기가 뚜렷한 도심지역과 휴양지역의 불균형을 완충시키기 위해 시장의 수요상황에 따라 가격을 탄력적으로 적용하는 방안과 수익창출을 위한 마케팅(sales promotion) 활동을 한다.

(2) 운영의 특성

① 인적 자원의 의존도가 높다. 호텔은 유형적인 물적 서비스와 무형적인 인적 서비스가 공존하는데 유형적인 시설 및 객실 분위기, 식당의 음식 질과 맛이 좋다고 해도 인적 서비스가 훌륭하지 않다면 그 가치를 상실하게 된다.

② 부서간의 유기적인 협동이 이뤄진다.

③ 1일 24시간 연중무휴의 운영을 한다.

④ 상품의 생산과 소비가 동시에 일어난다. 객실의 경우 금일 판매가 되지 않으면 재고로 보관이 되지 않는다.

⑤ 종사원에 의한 인적 서비스의 질이 매우 중요하다. 호텔 상품은 시설의 표준

화에 비해 서비스의 표준화는 어렵다. 호텔에 대한 이미지는 시설보다는 종업원들의 서비스에 크게 좌우될 수 있어 동일한 상품을 이용한 고객이라도 느끼는 정도, 만족도는 차이가 발생할 수 있다.

(3) 시설의 특성

① 초기의 시설 투자가 매우 높다. 호텔 시설 자체가 하나의 상품이기 때문에 다른 산업과 같이 부문적, 순차적 투자가 어렵다.

② 시설의 조기노후가 빠르다. 반복 이용에 따른 마모와 집기류, 인테리어 등의 유행이 빠르게 진행되고 고객의 취향과 만족도가 급변하기 때문에 상품의 가치가 빠르게 상실된다. 또한 휴양지의 호텔은 기후 영향으로 비교적 노후가 빠르다.

③ 비생산적 공공적 장소(public space)를 필연적으로 가져야 한다. 공공장소의 대표적인 예가 로비이다. 영업을 목적으로 하는 식당 등의 영업장은 생산적인 반면, 로비 등은 비생산적이며 시설투자 면에서도 상품 가치를 인정받지 못 하지만 반드시 설치되어야 하는 특성을 가진다.

(4) 환경의 특성

① 정치, 경제, 사회적 환경에 민감한 영향을 받는다. 정치가 불안정하거나 경제 불황이 지속되면 고객 감소 등 영향을 받게 된다.

② 사회 간접자본에 의존한다. 도로, 공항 등의 시설 여부에 따라 수요가 탄력적이다.

③ 국가적 차원의 경쟁력이 요구된다. 호텔은 불특정 다수의 고객이 이용하는 다국적 기업이기 때문에 하드웨어, 소프트웨어, 휴먼웨어 서비스가 국제화되어 다국적 기업으로서의 분위기가 연출된다.

3) 등급별 호텔 서비스 기준 정의

1성급 호텔

고객이 수면과 청결유지에 문제가 없도록 깨끗한 객실과 욕실을 갖추고 있는 조식이 가능한 안전한 호텔

2성급 호텔

고객이 수면과 청결유지에 문제가 없도록 깨끗한 객실과 욕실을 갖추며 식사를 해결할 수 있는 최소한 F&B 부대시설을 갖추어 운영되는 안전한 호텔

3성급 호텔

청결한 시설과 서비스를 제공하는 호텔로서 고객이 수면과 청결유지에 문제가 없도록 깨끗한 객실과 욕실을 갖추고 다양하게 식사를 해결할 수 있는 1개 이상(직영 · 임대포함)의 레스토랑을 운영하며, 로비, 라운지 및 고객이 안락한 휴식을 취할 수 있는 부대시설을 갖추어 고객이 편안하고 안전하게 이용할 수 있는 호텔

4성급 호텔

고급수준의 시설과 서비스를 제공하는 호텔로서 고객에게 맞춤 서비스를 제공. 호텔로비는 품격있고, 객실에는 품위 있는 가구와 우수한 품질의 침구와 편의용품이 완비됨. 비즈니스센터, 고급 메뉴와 서비스를 제공하는 2개 이상(직영 · 임대포함)의 레스토랑, 연회장, 국제회의장을 갖추고, 12시간이상 룸서비스가 가능하며, 휘트니스 센터 등 부대시설과 편의시설을 갖춤.

5성급 호텔

최상급 수준의 시설과 서비스를 제공하는 호텔로서 고객에게 최고의 맞춤 서비스를 제공. 호텔로비는 품격이 있고, 객실에는 품위 있는 가구와 뛰어난 품질의 침구와 편의용품이 완비됨. 비즈니스 센터, 고급 메뉴와 최상의 서비스를 제공하는 3개 이상(직영 · 임대포함)의 레스토랑, 대형 연회장, 국제회의장을 갖추고, 24시간 룸서비스가 가능하며, 휘트니스 센터 등 부대시설과 편의시설을 갖춤.

호텔업 등급 결정 기준

구분	현장평가	암행/불시평가	평가점수	평가기준점수	호텔등급표지
1성급	400	200	600점	50% 이상 획득	별1개
2성급	400	200	600점	60% 이상 획득	별2개
3성급	500	200	700점	70% 이상 획득	별3개
4성급	585	265	850점	80% 이상 획득	별4개
5성급	700	300	1000점	90% 이상 획득	별5개

〈출처 : 한국관광협회중앙회〉

[그림 1-2] 호텔업 등급

2. 호텔 부서

1) 객실부서

일반직으로 객실부서는 프론트오피스(front-office), 하우스키핑(house-keeping) 등으로 구분된다. 프론트 오피스는 호텔의 전방부문으로 호텔을 이용하는 모든 고객을 맞이하고 떠나보내는 최초의 부서이자 마지막 장소이다. 하우스키핑은 객실의 청소와 정비를 하여 판매가 가능하도록 상품화하는 곳이다. 즉 프론트오피스는 객실을 판매하는 곳이며 하우스키핑은 객실을 생산하는 곳이다. 때문에 좋은 상품을 생산해 판매를 잘 하려면 이 두 부서가 긴밀히 협조해야 한다.

(1) 프론트오피스(Front-office)

프론트오피스(Front-office)는 호텔과 고객의 중계 역할을 하면서 고객의 편의와 서비스 판매를 위한 대내적 · 대외적인 업무까지 맡고 있는 중심부적인 역할을 하는 곳이다. 고객의 도착과 호텔 출발에 있어 고객을 맞이하는 장소로서 현관에서의 친절한 태도와 예의, 세련되고 새로운 분위기는 고객에게 좋은 인상을 주어 호텔에 머물러 있는 동안이나 호텔을 떠난 후에도 좋은 호텔이라는 이미지를 형성하는 부서이다.

또한 프론트오피스(Front-office)는 객실서비스 생산에 있어서 가장 핵심부서라고 할 수 있는데, 예약을 시작으로 고객을 영접하고, 고객의 짐 운반과 등록과정을 도와주며, 객실키 및 우편물 그리고 호텔내의 다양한 정보를 제공하고 최종적으로 출발과정을 도와주는 등 다양한 업무를 수행한다. 실제 프론트오피스의 업무는 호텔선택과정에서 최종출발단계에 이르기까지 전 과정이 원활히 진행될 수 있도록 고객과 직접 접촉하면서 다양한 서비스를 제공하는 것이다.

[그림 1-3] 프론트 데스크

- **리셉셔니스트**(Receptionist)

  고객 체크인과 체크아웃, 객실과 관련된 각종 서비스 제공

- **도어맨**(Doorman)

  고객 영접과 환송, 차량 안내 및 정리, 주차서비스

- **벨맨**(Bellman)

  숙박 고객 체크인 보조, 고객 수하물 보관 · 안내 및 운반, 로비 주변 질서 유지

- **예약담당**(Reservation clerk)

  객실 및 호텔 상품 정보제공, 예약접수 및 완료 통보, 예약변경 처리

- **게스트 릴레이션 오피서**(GRO:Guest Relation Officer)

  EFL(Executive Floor Lounge)에서 VIP를 위한 서비스 제공

- **교환원**(Telephone operator)

  투숙고객 및 외부고객의 전화 응대 및 호텔 정보 제공

- **컨시어지**(Concierge)

  호텔에 관한 정보 및 주변 관광지 정보, 문화 공연 안내 및 예약 대행, 교통편 안내 등 고객의 배려를 위한 포괄적 서비스 제공

- **비즈니스 센터**(Business center)

  비즈니스와 관련된 업무 편의를 위한 여러 정보, 장비 및 공간을 제공

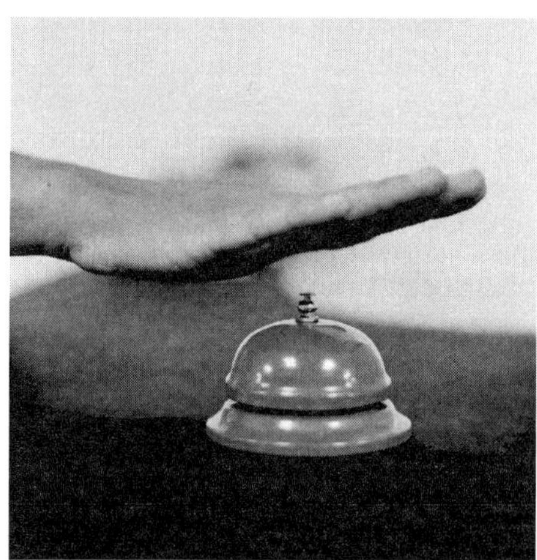

[그림 1-4] 프론트 오피스

(2) 하우스키핑(Housekeeping)

하우스키핑의 가장 중요한 업무는 객실 청결 상태를 유지하는 것이다. 또한 호텔내의 로비, 화장실, 복도 등 공공지역의 청결 유지도 포함되어 있다. 주로 하우스키핑 부서의 업무는 고객과의 접촉이 없는 상태에서 주로 수행 되다보니 중요성을 잘 인식하지 못 하는 경우가 있으나 실제로는 아래와 같은 매우 중요한 역할을 수행하고 있다.

① 전체 호텔서비스 질에 직접적 영향을 미친다.

② 하우스키핑의 활동이 호텔의 긍정적 이미지 창출에 도움을 준다.

③ 초기 시설 투자에 대해 적절한 유지 및 관리활동으로 자본재의 수명 연장을 가져온다.

④ 대부분의 업무를 전적으로 인적 자원에 의존하기 때문에 효율적 인력 관리 필요성이 있다.

- **하우스맨**(House man)
  객실 점검, VIP 응대, 분실물 처리, 소모비품 관리, 객실순찰
- **룸메이드**(Room maid)
  객실 청소 및 위생 · 청결 유지, 투숙 고객 편의 제공
- **론드리**(Laundry)
  투숙 고객의 세탁물 관리

[그림 1-5] 하우스키핑

2) 식음료부서(Food&Beverage)

식음료부서는 음식과 음료를 직접 생산 및 판매하여 수입을 올리는 호텔의 핵심부서 중 하나로 각국별 식당을 운영하고 있으며 한식당, 양식당, 중식당, 일식당, 프렌치 식당, 이태리 식당 등이 있다.

투숙객뿐만 아니라 투숙하지 않는 외부 고객의 식당 이용 또한 많은데 이러한 고객에게 만족스러운 서비스를 제공하기 위해 메뉴구성에서부터 식자재 구매, 관련 시설 및 공간, 업장별 규모 · 인력구성, 음식조리, 식음료 서빙 등 관련부서와 그 구성원들과의 상호 유기적인 협력을 이루고 있다.

- **식음료서비스**(웨이터, 웨이츄리스)
  식음료 업장 내 고객에게 식음료 서비스, 정리 · 정돈, 영업준비
- **조리부**(주방장, 요리사, 조리사, 기물담당관리)
  메뉴개발, 트렌드 분석 및 식문화 창조, 음식물 · 식자재 조리
- **음료**(바텐더, 소믈리에)
  음료 준비 · 관리와 주문 · 판매, 와인 선정, 리스트 작성, 보관 · 관리
- **연회**
  웨딩 및 국제회의 행사 등의 단체를 위한 준비 · 관리, 식음료, 꽃꽂이
- **룸서비스**
  고객 요청에 의한 객실로 음료, 식사 등 서비스 제공

[그림 1-6] 식음료부서

3) 관리부서

호텔 관리부서는 영업부문과 밀접한 관련성을 지니고 있으며, 부서간의 협력과 원활한 업무처리로서 호텔 상품판매의 극대화를 실현할 수가 있는 것이다. 즉 호텔경영을 효율적으로 집행하기 위한 경영합리화와 경영성과의 극대화를 추구하는 것이다.

또한 경영 정보나 경영 자료의 수집 및 제공활동을 통해 최고경영자의 의사결정을 돕는 참모적 역할도 수행한다.

(1) 사무부서

- **총무부**

  각종 인허가 업무 및 신사업 기획과 운영

- **재경부**

  일반회계, 영업회계, 여신 등 호텔 재무 및 자산의 총괄적 관리

- **인사부**

  직원 채용관리, 노동관계, 복리후생

- **구매부**

  호텔 영업과 시설 유지에 필요한 모든 원자재, 부자재, 식자재 등 구입 및 공급

- **안전/시설**

  고객 및 직원의 안전과 재산보호. 호텔 내 시설 유지 및 보수 관리

(2) 영업부서

- **마케팅부**(Marketing)

  판매촉진과 관련된 각종 정보 수집 · 분석을 통한 판매 극대화

- **판촉**(Sales)

  개인 및 단체 고객 유치, 신규 시장 계획

- **홍보**(PR)

  호텔의 광고와 홍보, 언론 매체와 관련된 제반 업무

[그림 1-7] 관리부서

4) 부대시설

그 외 호텔에는 휘트니스, 야외 수영장, 스파 등의 부대시설이 포함되어 있다.

(1) 휘트니스

일반적 휘트니스는 건강한 삶을 누리기 위해 정신적, 육체적 관리 및 유지할 수 있는 복합 스포츠시설이다. 호텔 휘트니스는 단순한 체력단련의 측면 뿐 아니라 회원 상호간의 친밀감과 유대관계를 유지시키는 매개체의 역할을 하며 커뮤니케이션 기능이 강화되었으며, 주 5일제근무로 여가 시간 증대에 따른 레저와 레크리에이션 활동을 유도하고 있다.

호텔의 영업 측면에서 봤을 때 휘트니스는 단골고객 확보와 타 업장의 매출 기여를 하고 호텔 홍보 효과와 지속적 고정 매출 확보를 기대할 수 있는 호텔의 주요 부대시설이다.

호텔에 따라 휘트니스와 스파가 하나의 시설로 통합된 경우도 있고 분리되어 운영되는 경우가 있는데 휘트니스 회원들은 스파의 유망 잠재 고객이기 때문에 스파에서는 휘트니스 회원을 대상으로 한 프로모션 등을 강구해 신규 고객 유치에 노력을 기울이고 있다.

- **실내 체육관**
- **실내 수영장**
- **실내 골프장**
- **사우나**

[그림 1-8] 휘트니스

(2) 야외 수영장

호텔에서 휴식과 레저를 즐길 수 있는 도심 속 여가 활동이자 아웃도어 라이프스타일 체험이 가능하다. 도심 호텔에서는 비수기인 휴가철 야외 수영장 시설로 호텔 투숙 고객 증가와 수익 개선에 도움이 되고 있다.

(3) 스파

오늘날 스파는 포함하고 있는 다양한 서비스를 통해 최근 확산되고 있는 웰니스 산업의 대표적 산업 분야로 자리매김 하고 있다. 오늘날 번잡하고 오염된 환경에서 피폐해진 심신의 휴식을 도모하고 적극적인 건강 관리를 위해 스파를 방문하고 있으며, 스파에서는 다양한 스파 시설을 이용한 테라피 외 에스테틱 서비스를 제공하고 있다.

스파는 나날이 인기를 얻고 있으며 수요가 늘어남에 따라 증가 추세이며, 이용객들의 다양한 니즈에 부합하기 위해 제공하는 서비스가 점차 다양화, 전문화, 세분화 되고 있다.

[그림 1-9] 야외수영장

제2장. 호텔 스파 서비스

1. 스파

1) 스파의 정의

스파란 사전적 의미로 '마사지나 물의 열, 부력 따위로 온몸의 혈액순환을 촉진하여 피부를 관리하고 몸의 스트레스를 해소할 수 있는 시설을 갖추어 놓은 가게'로 정의되며, 물을 이용한 온도, 부력, 압력 효과를 이용하여 인체의 혈을 자극, 원활한 혈액 순환과 스트레스 해소, 질병 예방과 치료, 건강증진 보조 장비와 더불어 목욕, 이용 시설 및 심신안정을 위한 다양한 시설 등을 총칭하는 의미로 불리고 있다.

오늘날 가장 보편적이고 국제적으로 사용되고 있는 스파의 정의는 국제스파협회(ISPA : International Spa Association)가 규정하는 것으로 스파란 몸, 마음, 정신 모두의 균형된 건강을 되찾기 위해 다양하고 전문적인 솔루션을 의미한다.

따라서 스파는 막연히 입욕이나 온천의 단순한 개념을 넘어서 매우 광범위하며 복잡하고 유기적이라 할 수 있겠다. 현대의 경향에서 볼 때 우리의 생활과 매우 밀접한 시설이며, 위락과 치유의 역할을 동시에 가지고 있다. 즉, 신체적으로 건강함의 욕구 충족, 정서적 회복과 더 나아가 영혼의 쉼을 가져다주는 매개체가 되었다. 현대인들이 스파를 찾는 데는 아름다움 추구, 건강 유지뿐 아니라 마음의 평화와 정신적 치유 그리고 심신의 안정을 위해서이기 때문에 스파는 전문적이고 복합적이어야 한다. 외적 아름다움과 함께 육체적인 병증 치료를 받으며, 일상에서 벗어나 레크리에이션을 할 수 있는 새로운 여가의 장임과 동시에 건강한 마음과 영혼을 위한 문화적 표현, 사회적 기여 등을 필요로 하는 현대인들에게 전인적이며, 총체적인 치유환경을 제공해야 한다.

2) 스파의 역사

스파의 역사는 몇 천 년 전으로 거슬러 올라간다. 스파라는 명칭은 고대로부터 질병치료와 건강증진의 목적으로 많은 사람들의 왕래가 있었던 스파우(SPAU)라는 벨기에의 한 온천 마을 지명으로부터 유래되었다. 고대시대에는 목욕문화가 특히 발달하여 로마에는 166명을 동시에 수용했던 대규모의 목욕장이 오늘날에도 그 모습을 보존하고 있을 정도로 당시의 스파는 목욕의 일반적인 목적 이외에도 사교의 한 부분으로서 중요한 자리매김을 했었다.

스파는 유럽에서 1차 세계대전이 일어나기 전까지 계속 번성하였지만 전쟁 후에는 감소세를 보였는데 이것은 건강관리의 세계화와 현대 의약에 대한 관심 때문이었다. 그러나 이러한 상황은 지속되지 않았으며 미네랄 온천과 해수 스파가 건강에 중요한 것으로 입증되어 스파의 인기는 다시 높아졌다.

치료와 건강회복이 유럽 스파의 목표였던 반면, 미국 스파는 질병 치료가 아닌 운동과 피트니스 프로그램, 체중감량, 미용관리 등에 기초한 건강한 라이프스타일을 증진시키기 위한 수단으로 나타났다. 네이만마커스(Neiman Marcus), 그린하우스(Greenhouse)와 엘리자베스아덴(Elizabeth Arden's)의 메인 찬스(Main Chance)와 같은 미국의 초기 스파들은 숨겨진 컨셉을 미용, 휴식과 함께 체중 감량과 라이프스타일의 변화를 원하는 부유한 미국 여성을 위해 1960년대 초기에 개발하였다.

미국 스파에서의 피트니스 강세는 유럽의 스파보다 우세하며 1970년대와1980년대에는 그 컨셉 자체로 성장하게 되었다. 이 기간 동안 데스티네이션스파는 대폭증가하게 되었다. 1980년대에는 최고조에 이르렀으며 혼란과 경쟁은 스파 산업에서 다양한 문제들을 야기하기도 했다. 예방 의학의 발전과 더불어 1990년대 중반부터 병원에 스파가 도입되었고, 2000년대에는 뉴욕을 중심으로 '메디컬스파'가 많이 생겨났다.

3) 스파의 유형별 구분

오늘날 스파는 포함하고 있는 다양한 서비스를 통해 최근 확산되고 있는 웰니스 산업의 대표적 산업 분야로 자리매김 하고 있다. 번잡하고 오염된 환경에서 피폐해진 심신의 휴식을 도모하고 적극적인 건강관리를 위해 스파를 방문하고 있으며, 스파가 제공하는 다양한 시설 및 서비스 수준에 따라 재방문 여부를 결정하는 것으로 추정되고 있다.

스파는 나날이 인기를 얻고 있으며 수요가 늘어남에 따라 증가 추세이며, 이용객들의 다양한 니즈에 부합하기 위해 제공하는 서비스가 점차 다양화, 전문화, 세분화 되고 있다. 따라서 두드러진 특징에 따라 스파를 구분하고 있는데 국제스파협회에서 구분하고 있는 유형별 스파는 아래와 같다.

(1) 체류형스파(Destination Spa)

체류형스파는 목적형 스파라고 하며, 도심에서 떨어진 한적한 장소에 일정 기간 머무르면서 건강관리 및 라이프 스타일 개선을 위해 다양하고 전문적인 서비스를 제공받는 곳이다. 적어도 5일에서 일주일 이상 머무르면서 고객의 건강상태를 점검하여 상담한 후 프로그램을 구성 해 스파 서비스에서부터 영양, 명상, 피트니스, 의료적 시술까지 개인 맞춤형 프로그램이 진행된다. 건강에 대한 관심 증가 및 고령화 사회의 실버 세대를 위한 산업으로서 데스티네이션스파는 지속적으로 증가할 것으로 예상된다.

(2) 데이스파(Day Spa)

데이스파는 주로 도심에 위치하여 단시간의 트리트먼트 서비스를 제공하는 스파를 말한다. 일반적으로 부대시설과 투숙 시설 없이 소규모로 운영되는 가장 대중적인 스파라고 할 수 있다. 대표적으로 미용과 건강을 위한 휴식을 제공하는 뷰티살롱형 스파가 여기에 해당한다. 도심 생활에서의 긴장을 완화하고 스트레스를 해소하기 위한 서비스가 주로 행해지며 비교적 다른 유형의 스파에 비해 저렴하여 프랜차이즈 형태로 확장되고 있는 추세이다. 데이스파는 도심 지역에 위치 해 접근성이 좋고 단시간의 트리트먼트가 가능한 탓에 가장 대중적이며 숫자 면에서 스파의 유형 중 가장 많다.

(3) 리조트/호텔스파(Resort/Hotel Spa)

리조트/호텔스파는 스키장이나 골프장 혹은 호텔 등에 부속된 형태의 스파서비스 시설을 말한다. 데스티네이션스파가 전적으로 스파 서비스를 위해 만들어진 장소라면, 리조트/호텔 스파는 리조트 혹은 호텔의 부속 서비스 시설이라는 특징이 있다. 호텔스파는 원거리 리조트 뿐 아니라 도심형 호텔스파도 통칭한다. 이 역시 호텔의 부속 서비스 시설 성격을 지니면서 호텔의 서비스 이미지 개선 및 모객 활동에 도움을 주는 것으로 간주된다. 호텔스파는 오늘날 호텔의 가장 중요한 마케팅 수단 중 하나로 간주되고 있다.

(4) 메디컬스파(Medical Spa)

메디컬스파는 메디컬과스파의 만남으로 의료서비스를 제공하는 스파를 의미한다. 상주하고 있는 전문 의료진에 의해 기존의 메디컬에서만 받을 수 있었던 치료, 성형 등의 특별한 미용 시술을 편안한 환경에서 제공 받을 수 있을 뿐만 아니라 안티에이징, 체형 관리 시 스파 서비스와 더불어 기계 관리, 주사 요법 등 전문적인 의료 시술이 함께 병행되어 짐으로써 효과적인 면에서도 고객들의 만족도가 높다.

메디컬스파는 호텔에 입주하기도 하고 데이스파와 결합하기도 하는 등 다양한 형태로 확산되고 있으며 현재 가장 성장 속도가 빠르다.

(5) 클럽스파(Club Spa)

피트니스 클럽에 부속된 시설로 주로 운동, 체력 단련과 함께 병행하여 스파 서비스가 이루어진다. 주로 운동 전, 후에 연동된 프로그램으로 개발, 운영 되고 있어 운동 후의 피로감 회복, 체형 관리를 위한 스파 서비스가 주로 이루어진다. 오늘날 스파 산업이 고성장을 이루면서 스파는 피트니스에서도 중요한 마케팅 수단의 의미를 갖는다.

(6) 크루즈스파(Cruise Spa)

선박을 통한 여행, 관광을 하며 제공 받을 수 있는 스파로 유람선 내에 부속된 스파이다. 바다의 호텔로 불리던 크루즈는 럭셔리의 대명사였으나, 다양한 계층과 연령층을 아우르며 오늘날 보다 대중적으로 다가오고 있다. 크루즈스파도 크루즈 내 다양한 엔터테인먼트와 함께 부속 서비스 시설이라는 특징이 있다.

(7) 온천스파(Mineral Spring Spa)

온천 스파의 특징은 보양, 휴가, 요양의 세 가지 기능을 가지고 있는 것으로 고대 스파 기원에서와 같은 질병 치료, 피로회복, 건강증진 등의 의미를 가진다고 할 수 있다.

이렇듯 온천 스파는 전통적인 스파 개념에 가장 가까운 것으로 광천수가 나오는 지역의 수치료 온천 등이 대표적이다.

위와 같이 스파의 유형적 분류는 장소 혹은 목적 등에 따라 구분 된다. 그러나 반드시 한 가지의 유형으로만 단정 지을 수 있는 건 아니고 동시에 여러 개의 스파적 특징을 갖기도 한다. 예를 들면 호텔 스파이면서 메디컬 스파일 수도 있고, 데이 스파이면서 클럽스파일 수도 있다.

[그림 2-1] 리조트 스파

[그림 2-2] 크루즈

4) 스파테라피스트 직무

스파 산업은 꾸준히 성장하고 광범위하게 퍼져 나가면서 고객들에게도 스파를 접할 수 있는 기회는 훨씬 더 용이해 졌다.

스파에 있어 가장 중요한 요소는 고객과 직접 접촉하는 인적 자원이라 할 수 있다. 스파내 직무의 구분은 스파 운영상 경영관리, 직원 관리 등을 책임지고 있는 스파 매니저, 스파테라피스트의 스케쥴과 예약 스케쥴을 관리하는 스파리셉셔니스트, 스파테라피스트들의 테크닉, 이론 등 교육을 책임지는 스파수퍼바이저, 고객에게 트리트먼트를 제공하는 스파테라피스트 등으로 나눌 수 있으며 스파테라피스트는 에스테티션, 바디 테라피스트, 아로마테라피스트 등으로 구분해 볼 수 있다.

현재 국내에서는 스파테라피스트에 대한 직무 내용이 규정화 되어 있지 않아 피부미용 관련 분야에 종사하는 사람들이 대부분 스파테라피스트로 일하고 있는 실정이다.

피부미용사의 직무 정의에 따르면 육체의 아름다움과 정신 건강 유지를 위해 전문적 지식과 기술을 습득해야 하는 점에 있어 스파테라피스트와 공통된 부분이 있다.

피부미용사는 고객과의 상담, 피부 관찰, 건강상태 파악 등을 통해 고객카드를 기록하고, 적합한 피부 관리 방법을 결정한다. 클렌징, 세안 등으로 고객의 피부를 청결하게 한 후 각질 및 모공 노폐물 제거, 여드름 관리 등 피부를 정돈한다. 피부상태에 적합한 크림 등의 각종 화장품을 바른 후 마사지하여 혈액순환 및 미용을 돕는다. 관리를 마친 고객에게 피부성향에 알맞은 화장품을 추천하고, 피부에 적합한 화장법을 조언한다. 고객의 예약관리 및 사후관리를 한다. 색조화장품을 사용하여 화장을 해주기도 한다.

피부미용사가 스파테라피스트를 대체하고 있다 하더라도 스파테라피스트의 역할과 의미는 조금 다르다. 테라피스트는 치료사라는 사전적 의미를 가진다. 이러한 측면에서 스파테라피스트의 직무를 살펴보면 스파테라피스트는 고객에게 건강과 라이프 스타일 개선을 위한 양질의 정보를 제공하며 피부의 청결 관리 및 미용 목적을 위해 얼굴 및 바디 트리트먼트, 아로마테라피(aroma therapy), 워터테라피(water therapy)등의 서비스를 제공함으로써 전문적 지식과 테크닉뿐만 아니라 스파 에티켓 및 매너가 매우 중요하다.

2. 호텔스파

오늘날 산업적으로 가장 대표적이고 비중이 높은 유형은 도심형 호텔스파와 데이스파이다.

그 중에서도 국내 관광산업 성장으로 호텔 산업이 지속적으로 육성되고 있는데 특히 세계적인 프랜차이즈 호텔과 최고급 럭셔리 호텔의 국내 진출이 두드러지고 있다. 따라서 호텔 부대시설 중 핵심적 요소인 호텔 스파의 증가 및 호텔 스파에 대한 관심은 자연스러운 결과이다.

최근 럭셔리 호텔에서는 스파가 필수적 요소로 꼽히고 있다. 스파가 투숙할 호텔을 결정짓는 중요한 요인이 되고 있고 호텔스파는 호텔경영과 이미지 개선에도 중요한 부분을 차지하고 있으며 호텔을 이용하는 이용객뿐만 아니라 호텔 스파를 이용하는 멤버쉽회원 등으로 범위가 확대되고 있어 호텔의 스파에 대한 투자가 활발해지고 있다.

호텔스파는 고급 호텔 건물 내에 직영 시설로 구성되거나 외부 사업자가 계약을 통해 입점하여 운영하는데, 소유형태에 있어 호텔스파는 일반적으로 호텔의 부대시설 성격이 강하기 때문에 직영으로 운영하는 경우가 많고 외부에서 입점할 경우 화장품 브랜드 등 기업체 등에서 운영을 주로 한다.

1) 국내 호텔 스파

(1) 신라호텔 겔랑스파(Guerlain Spa Seoul)

185년 역사와 전통을 가진 프랑스 정통 코스메틱 겔랑의 스파 브랜드로 전 세계적으로 각 국의 유명 호텔에 입점 해 운영되고 있다. 서울 신라호텔 겔랑스파는 겔랑에서 스파 사업을 시작한 이래 해외에서 선보인 첫 스파로 겔랑의 테라피스트들은 겔랑의 글로벌 트레이너에 의해 파리 겔랑 본사 노하우를 전수받아 고객들의 전문적 관리를 하게된다.

겔랑스파는 총 10개의 트리트먼트 룸과 5개의 풋스파룸, 하이드로테라피룸, 비쉬샤워룸 등의 시설을 갖추고 있으며, 겔랑의 향수를 이용한 향기서비스와 관리 전 15분간의 풋배쓰 릴렉세이션 타임, 그리고 겔랑의 기초 및 메이크업 제품을 체험 해 볼 수 있는 메이크업 서비스가 겔랑스파만의 특화된 서비스로 알려져 있다.

[그림 2-3] 겔랑스파

(2) 반얀트리 스파&리조트 반얀트리 스파(Banyan Tree Spa)

세계적인 스파 브랜드 '반얀트리 스파(Banyan Tree Spa)'는 아시아 최초의 럭셔리 오리엔탈 스파로서, 1994년 태국 푸켓에 처음 오픈한 이래 현재 20여 개국에서 90여개의 스파를 운영하고 있다. 반얀트리 클럽 앤 스파 서울은 총 11개의 트리트먼트 룸이 있고 각각의 스파룸에는 개별 욕실과 휴식 공간이 마련되어 있으며 특별한 트로피컬 레인미스트를 체험할 수 있는 스파 스위트도 구비하고 있다.

기계의 의존도를 낮추고 사람의 손길을 더욱 강조한 '하이터치, 로 테크(high touch, low tech)'라는 스파 철학을 가지고 전통적인 동양의 치유 요법에서 영감을 받은 바디 트리트먼트와 화학 성분이 아닌 천연 허브와 약초 등, 다양한 천연 재료만을 사용하는 것은 반얀트리 스파의 가장 큰 특징이다.

(3) 밀레니엄 힐튼호텔 스위스퍼펙션 스파(Swiss Perfection Spa)

밀레니엄 힐튼 호텔에 위치한 월드와이드 스파 브랜드인 '스위스퍼펙션 Clinique La Praire SPA'는 FDA 승인을 받은 스파 장비가 갖춰진 최첨단 스파 시설을 자랑하고 있다. 음악이 지닌 고유의 리듬과 파장으로 깨어진 심신의 발란스를 되찾아주는 심포니 테라피와 각 고유한 색채가 지닌 에너지로 생채의 에너지를 고양시키는 컬러테라피의 최첨단 테크놀로지와 더불어 스위스에서 공수해 온 유기농 천연 건초를 덮고 체내의 노폐물을 제거하는 '헤이배스'와 그 외 유럽식 스파 트리트먼트는 웰빌 트렌드의 첨단을 이끌고 있다.

스위스퍼펙션 스파는 연간 멤버쉽으로 운영되며, 밀레니엄 힐튼 호텔 외에도 서울 코엑스인터컨티넨탈 호텔과 부산 신세계 센텀시티, 제주 나인브릿지의 스위스 퍼펙션 스파에서도 서비스를 이용할 수 있다.

(4) 제주 신라호텔 겔랑스파(Guerlain Spa Jeju)

185년 역사와 전통을 가진 프랑스 정통 코스메틱 겔랑의 스파 브랜드로 전 세계적으로 각 국의 유명 호텔에 입점 되어 운영하고 있다. 제주 신라호텔 겔랑스파는 서울 신라 겔랑스파와 함께 2004년에 오픈해 체계적인 맞춤형 서비스를 시작한 국내 호텔 및 리조트 스파의 선두주자라 할 수 있다.

제주 겔랑스파는 총 8개의 트리트먼트 룸과 11개의 풋스파룸, 하이드로테라피룸, 스팀룸 등의 시설을 갖추고 있으며, 겔랑스파의 특화된 서비스인 향수를 이용한 향기서비스와 관리 전 15분간의 풋배쓰 릴렉세이션 타임, 그리고 겔랑의 기초 및 메이크업 제품을 체험 해 볼 수 있는 메이크업 서비스도 서울 겔랑스파와 동일하게 체험할 수 있다. 모든 관리 프로그램, 프로세스, 테크닉은 겔랑 파리 본사의 매뉴얼을 전적으로 따르고 있기에 서울 겔랑스파와 제주 겔랑스파는 동일한 관리 체계로 운영이 되고 있으며 서울 겔랑스파에서 받던 관리를 제주 휴양 중에도 이어서 할 수 있다는 장점이 있다.

(5) 제주 켄싱턴 호텔 더 스파 바이 딸고(The SPA by THALGO)

제주 켄싱턴 호텔의 더 스파 바이 딸고는 유럽 왕실이 애용한 프랑스 천연해양 성분 코스메틱 브랜드 딸고를 사용하는 휴양 호텔 & 리조트 스파이다. 제주의 자연을 형상화한 인테리어와 7개의 전신 테라피 베드를 갖춘 아름다운 공간에서 고객 컨디션과 라이프 스타일을 고려한 맞춤 프로그램의 관리가 이뤄진다.

특히, 제주 마유를 이용한 스크럽이라던지 화이트 샌드 등 제주의 지역적 산물을 재료로 이용한 특화된 제주 프로그램을 선보이고 있는 것이 특징이다.

[그림 2-4] 더 스파 바이 딸고

3. 호텔 스파 서비스

1) 마사지(Massage)

(1) 마사지 기법

마사지는 심각한 질병을 치료하거나 개선하지는 못하지만 여러 형태의 만성통증을 비롯하여 불안이나 긴장, 우울감, 불면증, 스트레스 등의 정신적 치유와 안정에도 효과가 있는 것으로 알려져 있다. 또한 전신마사지는 혈액과 림프 순환을 높기 때문에 운동한 것과 비슷한 효과가 있는 것으로 알려져 있다.

마사지 방법은 다양한 형태로 알려져 있는데 기본이 되는 다섯 가지 기본수기를 바탕으로 한다. 마사지의 다섯 가지 수기는 다음과 같다.

① **쓰다듬기**(Effleurage)

에플라지는 마사지를 시작하거나 마무리 시 그리고 각 각의 다른 테크닉 사이에 연결성을 주는 동작으로 고객에게 지속성과 최고의 편안함을 준다.

손바닥 전체를 피부 표면에 대고 말초에서 심장 방향으로 림프 흐름을 따라 미끄러지듯 움직인다. 이 동작은 천천히 그리고 부드럽고 리드미컬하게, 손은 모아져야 한다.

이 동작은 일반적 순환 및 림프 흐름과 노폐물 배출을 증가시키며, 감각신경계를 진정시키는 효과가 있다.

② **주무르기**(Petrissage)

근육이 있는 부분에 손을 이용하여 압력을 주고 굴리는 동작이 포함되는 기법이다. 테라피스트는 손아귀 힘을 이용하여 강도를 조절하여 쥐었다가 폈다가 하는 동작을 하게 된다.

관절과 작은 부위 보다는 허벅지 같은 큰 근육에 많이 사용된다.

페트리사지는 순환과 노폐물 제거를 촉진하고 탄력성을 준다.

③ **마찰**(Friction)

엄지와 손가락을 사용하여 지그시 압력을 가해 작은 원을 둥글게 그리듯 움직이는 방법이다.

근육 유착방지 및 근육조직 이완과 관절의 유연성 증가 효과가 있다.

④ **두드림**(Tapotement)

퍼커션이라고 알려져 있기도 한데 등, 어깨와 같은 넓은 부위에 주로 사용된 기법으로 손을 사용하여 두드리는 동작이다. 손날, 손끝, 주먹 등 손의 모양을 다양하게 응용함에 따라 해킹, 클래핑(커핑), 비팅, 파운딩, 핀칭으로 구분된다.

근육과 신경에 자극을 주어 활력을 주고 회복을 촉진한다.

⑤ **진동**(Vibration)

진동법은 손바닥 전체 표면 혹은 손가락을 이용한 미세 떨림 동작인데 진정효과와 이완효과를 얻기 위해 시행되지만 때로는 자극 효과를 얻기 위해 사용되기도 한다. 진동은 미세하게 주어야 하며 부드럽고, 리드미컬하게 실시한다.

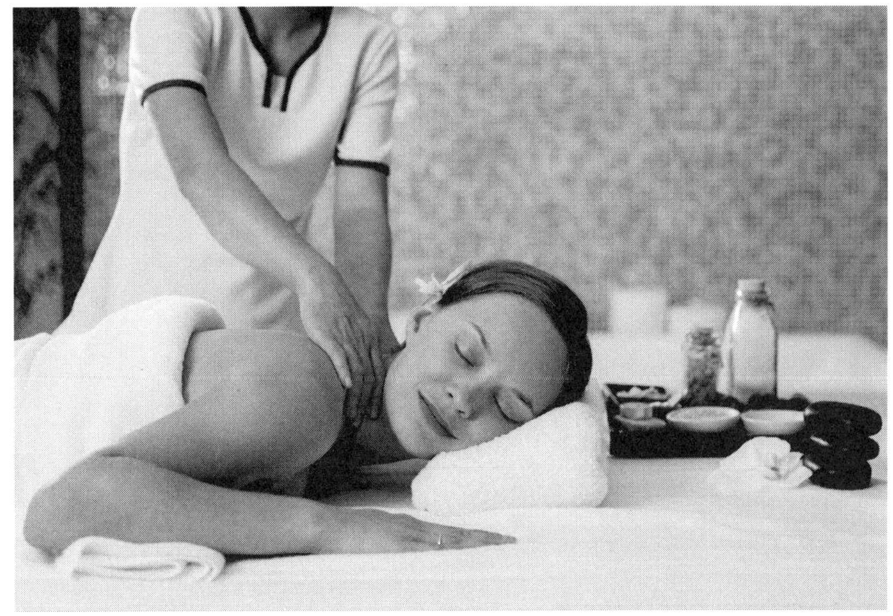

[그림 2-5] 마사지

(2) 마사지 종류

목적, 장소, 재료 등에 따라 고안된 여러 마사지 기법들이 있는데, 현재 전 세계 스파에서 사용되고 있는 마사지들은 다음과 같다.

① Swedish Massage(스위디시 마사지)

19세기 초 스웨덴의 체육학자인 Per Henrik Ling에 의해 체계적으로 정리되고 개발되어 널리 알려진 스웨덴식 마사지이다. 인체의 각 부분은 개별근육을 쓰다듬고, 두드리고, 굴리고, 진동하고, 마찰하는 동작으로서 마사지되는데, 이로써 신경계가 자극된다. 피부에 유익한 천연 마사지 오일을 매개로 사용되어 마찰을 감소시킴으로써 피부에 지나친 자극 없이 마사지가 부드럽고 미끄러지듯이 시술된다. 마시지 소요 시간은 통상적으로 전신의 경우 한 시간 내외이며 마사지 전 사우나, 월 풀 목욕, 또는 더운물 샤워를 권장한다.

② **Sports Massage**(스포츠 마사지)

스포츠 마사지는 특히 활동적인 사람들을 위해 시술 되며 매우 깊게 침투되는 마사지이다. 스포츠를 실시하기 전 운동에 빨리 적응할 수 있도록 근육의 긴장력을 유지시키거나 운동 후 효율적으로 피로를 회복하기 위해 실시한다.

③ **Shiatsu**(시아추)

일본의 대표적인 지압 마사지인 시아추는 특별한 재료나 기구 없이 손의 압력만으로 우리 신체의 경락을 자극함으로써 氣의 원활한 흐름을 돕는다. 기의 순환을 활발하게 함으로써 혈액순환도 활발해져 건강한 신체로 유지시킨다는 원리이며, 오장육부의 반사부위를 자극하여 치료하는 자극요법이다.

시아추는 스트레스와 관련된 정신적 질환들을 포함하여 신경계, 관절 통증에 효과적이며 골격의 변형을 조정할 뿐만 아니라 체질개선 효과가 있다.

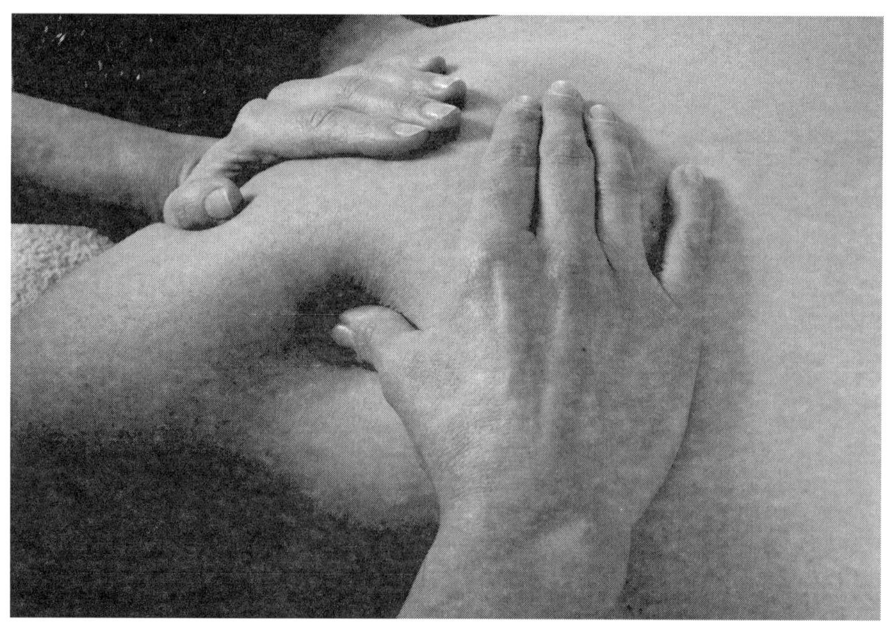

[그림 2-6] 시아추

④ **Thai Massage**(타이 마사지)

시아추와 요가를 혼합한 형태로 몸의 유연성을 높여주는 마사지이다. 생명선이라 불리는 신체의 선을 따라 느리고 리드미컬한 압박을 가하거나 스트레칭을 한다. 누르고, 잡아당기고, 밀고, 들어 올리는 동작 등으로 몸의 자세를 다양하게 변형시켜 에너지의 흐름이 원활하도록 하여 긴장된 근육과 통증을 완화시킨다. 신체적 · 정신적 스트레스 해소를 도와 건강을 유지하고 에너지 균형을 잡아주는 것이 주목적이다.

[그림 2-7] 타이마사지

⑤ **Lymphatic Massage**(림프마사지, 림프 드레나쥐)

손을 이용한 리드미컬한 펌핑 동작이 주요 동작을 이루는 이 기법은 림프샘을 자극함으로써 림프액의 이동을 촉진하여 세포의 대사물질과 노폐물의 배출을 돕는데 효과적이다.

림프액이 흐르는 방향으로, 또 심장에서 가까운 곳에서부터 말초 방향으로 마사지가 진행된다. 이 마사지는 부종완화에 특히 효과적이다.

⑥ Foot Reflexology(반사요법)

리플렉솔로지는 인체를 통하는 모든 에너지 통로는 발에 모이며 발의 특정 반사점이 인체의 각 기관에 대응한다는 이론에 근거한다. 반사학은 발과 발목의 특정 지점에 압력을 가하거나 마사지함으로써 대응하는 해당 기관의 에너지 흐름을 완화 시킨다. 중국에서는 수 천 년 동안 치료요법으로 알려져 온 이 기법은 1900년대 미국의 William Fitzgerald 의해 체계화되고 정립되었다. 발의 특정 부위를 자극하였을때 반사반응을 야기하는 충격이 전달되어 폐, 방광, 신장, 위, 비장 등과 같은 인체의 기관들이 자극되어 그 기능이 원활해진다. 이 요법은 인체의 전인적 균형과 조화를 통해 자연치유력을 증강시켜주는 자연요법이자 질병치료와 건강함을 찾기 위한 대체요법이다.

[그림 2-8] 리플렉솔로지

⑦ Deep-Tissue Massage(깊은 조직 마사지)

이 마사지는 뻣뻣하고 지친 근막과 내부근육 그룹을 부드럽게 풀어 주는 마사지로 심신의 이완뿐만 아니라 만성적이고 급성적인 문제까지 다루는 치유적 마사지이다. 신체의 결합조직의 구축 및 단축으로 인한 근육조직의 이완을 통해 만성통증, 근막 유착, 순환 증진에 효과적이다.

⑧ Lomi lomi Massage(로미로미 마사지)

후나(Huna)라는 하와이언 생활 철학을 바탕으로 한 로미로미는 마사지를 통해 인체를 모든 긴장으로부터 해방시키고 호흡을 증진시켜 주는 전통 하와이 마사지이다. 손과 팔, 팔꿈치를 이용해 반죽하거나 미끄러지는 스트로크 동작을 적절히 강도를 조절해 리드미컬하게 마사지한다.

통증에 효과가 있으며 새로운 에너지를 부여해 흐름을 원활하게 함으로써 활력, 독소제거, 혈액과 림프 순환 등의 효과를 준다.

⑨ Stone Massage(스톤 마사지)

스톤마사지는 가장 최근에 발전된 마사지 중 하나로 자연의 에너지가 응축된 돌을 이용한 마사지이다. 뜨겁거나 찬 검정 돌이나 흰 돌을 사용하는데 주로 현무암이나 옥을 이용해 사람들의 긴장을 완화시키는데 사용된다. 테라피스트는 척추를 따라 뜨거운 돌을 샤크라 지점에 놓고 그 돌을 사용하여 근육을 깊숙이 스트로크 한다. 스톤테라피는 돌이 가진 자연의 에너지를 이용하여 인체의 균형을 회복시켜주며 근육의 긴장감과 육체 피로 회복을 증진시키는 효과가 있다.

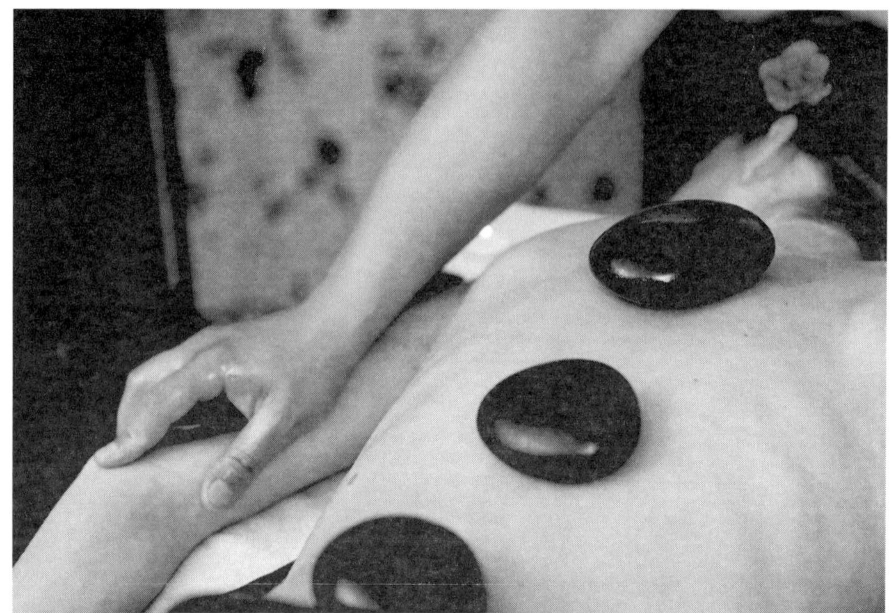

[그림 2-9] 스톤마사지

⑩ **Ayurvedic Massage**(아율베다)

산스크리트어로 생명을 의미하는 ayur과 지식을 의미하는 veda 라는 두 개의 어원에서 나온 단어로 생명의 과학을 의미하는 아율베다는 인도의 전통 의학이다. 최근 서구에서 인기를 끌고 있는 이 방법은 신체적, 정신적, 영적 통일과 건강을 지향한다. 식이요법 · 호흡요법 · 약물요법 · 마사지요법을 총체적으로 조합해 전통의술로 체계화되었다. 아율베다 요법은 경혈과 유사한 "마르마(marma)"라는 지점을 자극하고 풀어주어 기를 자유롭게 흐르게 함으로써 가벼운 병인 스트레스는 저절로 치유된다는 것이다.

정통적 아율베다 치료요법은 자격을 갖추고 오랫동안 훈련받은 두 명의 전문가를 필요로 한다. 아율베다를 전문으로 하는 스파가 있긴 하지만 대부분 아율베다 치료 유형 중 하나를 일반화하여 사용한다.

가장 보편적으로 이용되고 있는 방법은 아래의 두 가지이다.

첫째, Shirodhara(시로다라)는 특수 항아리에 든 따뜻한 오일을 베드에 누워 있는 고객의 이마에 약 20~25분 동안 천천히 일정하게 붓고 머리, 목, 어깨, 얼굴 마사지를 한다. 이것은 인간의 "Third eye(세번째 눈)" 즉 정수리 부분을 이완시키는데 이는 신체를 진정시킴으로써 신경계의 균형을 얻을 수 있다.
둘째, Abhyanga(아비양가)는 주로 참깨 오일이나 허브 오일을 사용하며 주로 동시에 두 사람이 마사지하기 때문에 일부 스파에서는 이 관리를 "Four hands massage(네 손 마사지)"라고도 한다. 이것은 근육을 따라 긴 스트로크로 마사지하며 관절부위에는 작은 원을 그리듯 마사지하는 전신 관리로 스트레스 해소와 근육의 긴장완화에 효과기 있다.

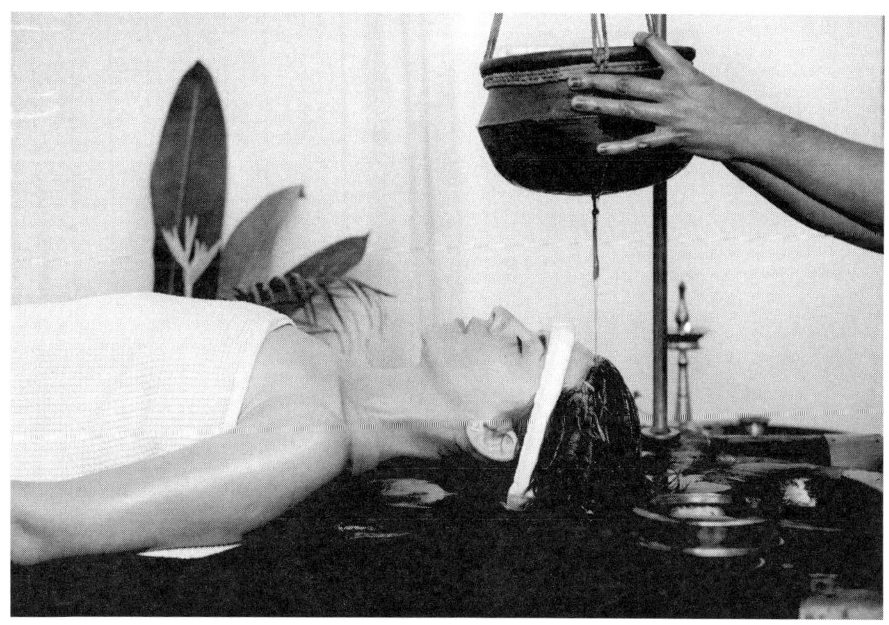

[그림 2-10] 아율베다

⑪ **Aromatherapy Massage**(아로마테라피 마사지)

아로마테라피 마사지는 몸과 마음의 활력을 위하여 마사지 기법과 효과적인 에센셜 오일을 선택적으로 사용한다. 이 때 오일은 두 세 가지을 혼합하고 희석하여 시너지 형태의 오일로 활용된다. 피부를 통해 혈액으로 흡수된 이 오일이 근육을 완화시키고 혈액순환을 촉진하여 마음을 편안하게 해주는 효과가 있으므로 일반 마사지 동작이나 림프 마사지 방법 등 보다 가벼운 스트로크를 사용한다.

⑫ **Signiture Treatments**(시그니처 트리트먼트)

시그니처 관리는 특정 스파에서 뛰어난 특징을 갖거나 스파를 대표할 수 있는 독특한 관리를 말한다. 스파는 자기들만의 시그니처 메뉴를 강화하기 위해 지역적 특성과 지역 제품들을 사용한다. 스파가 해변가에 있으면 딸라소테라피를 응용할 가능성이 높고, 프랑스 지방에서는 지역 특산물인 포도와 와인을 이용한 스파 프로그램이 유명하다. 그 외에도 시그니처 관리는 사막의 선인장, 크리스탈 요법, 아시아인들이 애용하는 녹차 등으로 설계된다. 로얄제리, 난, 쵸콜릿 등과 같은 성분을 실험하여 새로운 종류의 시그니처 치료들로 연구되고 있다.

2) 아로마테라피(Aromatherapy)

아로마테라피란 아로마(Aroma)와 테라피(Therapy)의 합성어로 향을 이용한 치료이며, 식물의 꽃, 줄기, 잎, 열매, 뿌리 부분에서 추출된 에센셜 오일을 대상자의 심신과 영혼을 진정시키고 활기를 불어넣는 등의 치료에 이용하는 것을 말하며 후각, 촉각을 이용, 향을 체내로 흡수하여 몸과 마음을 건강하게 만드는 자연요법이다. 아로마테라피는 방향성 식물에서 추출한 에센셜 오일을 휘발 시켜 흡입하거나(흡입법), 이를 희석한 물에 목욕하거나(목욕법), 캐리어 오일에 에센셜 오일을 희석하여 신체의 각 부분을 혼합된 오일로 나사지하는 방법(마사지법)이 있다.

스파에서는 목욕법과 마사지법, 흡입법을 이용한다. 목욕법으로는, 목적에 맞게 선택된 에센셜 오일을 욕조의 물에 몇 방울 떨어뜨려 사용하는데, 희석된 오일이 피부를 통해 흡수되기도 하고 코를 통해 흡수되기도 한 다. 마사지 방법은 거의 모든 스파에서 바디마사지와 훼이셜 마사지로 활용되고 있으며 아로마테라피 중 가장 이완효과가 크다.

아로마테라피의 구체적 작용을 보면, 에센셜 오일의 향이 후각 수용체를 자극하면 후각 신경계로 보내지고 분석이 이뤄진 신호는 대뇌의 변연계로 전달된다. 변연계는 심박동수, 혈압, 호흡, 생식작용, 기억 그리고 스트레스에 대한 반응을 조절하는 부위이다. 또 마사지를 통해 피부에 흡수된 에센셜 오일은 혈류를 타고 전신에 퍼져 호르몬 분비가 조절된다. 또한 마사지의 접촉(touch)이 주는 심리적, 신체적 이완효과가 어우러져 그 효과가 상승되며 면역기능증진에도 탁월한 효과가 있다.

아로마테라피는 어떠한 자연요법보다 효과가 있는 요법으로 향을 맡는 것만으로도 모든 분비선을 조절해 긴장과 피로를 완화 시키고 스트레스에 대한 저항력과 신체 면역력을 증강 시킨다. 주로 두통, 불면증, 피부병, 스트레스, 혈액순환장애, 통증, 성인병, 소화기능 장애, 호흡기질환, 면역 저하 등에 효과가 있다.

3) 하이드로테라피(Hydrotherapy)

하이드로테라피란 "물을 이용한 건강증진 및 질병 치료 요법"이다.

수요법이 갖는 생리학적 작용과 부력에 의한 작용, 수압에 의한 역학적 작용 외에 함유성분에 의한 생물학적 효과 등의 특이한 작용이 있는데 실제 치료에 있어서는 이들이 단독 또는 복합적으로 작용하게 된다.

또한 1920년 미국의 Dr. Simon Baruch는 "하이드로테라피는 치료적 목적을 위해 물을 적용하여 치료하는 물리치료의 한 분야로 물의 여러 가지 형태, 즉 고체나 기체 그리고 얼음이나 수증기 등을 신체의 내적 혹은 외적으로 적용하는 것"이라고 정의했다.

현재 스파 내에서 이루어지고 있는 여러 형태의 하이드로테라피는 다음과 같이 적용된다.

(1) 기계적 자극을 동반한 수치료

① 와류욕법

하이드로테라피 배스(Hydrotherapy Bath)나 월풀 배스 (Whirlpool Bath) 수치료 욕조에 몸을 담그고 입욕하는 것을 말하는데 여러 개의 크고 작은 공기 배출구가 있는 첨단 욕조가 있으며, 혹은 관리사가 인체의 다양한 부분에 호스를 갖다 대며 마사지한다. 입욕제로 미네랄 솔트, 해수, 머드, 우유, 아로마 에센셜 오일 등을 사용한다. 이렇게 하여 전신의 근육을 이완시키고 혈액순환을 촉진시키며 체내에 축적되어 있는 노폐물 제거에 효과적이다. 35도~38도 정도의 물의 온도로 10~15분간 적용한다.

[그림 2-11] 하이드로 테라피

② 분무욕법

스카치 호스(Scotch Hose), 제트 샤워(Jet Shower)는 대기 중에서 적정거리를 두고 강한 물을 분사하는 분무요법으로, 여러 개의 침분무 노즐(multiple needle spray heads)로부터 분무되는 물줄기를 머리와 발을 제외한 신체의 전 표면 네 방향에서 수평으로 적용하는 것이다. 5m 가량의 긴 방에서 강한 압력과 많은 양의 물을 사용한다. 호스로 찬물과 더운물을 교대로 적용하여 이에 따른 혈액순환 촉진과 피부 톤 강화에 효과적이다. 40.5도의 온수와 18.3도의 냉수를 사용하며 압력은 온수 4.5kg~9kg, 냉수 6.8Kg~11kg로 번갈아 총3~10분간 적용한다.

③ 관주(압주)요법

비시샤워(Vichy Shower) 혹은 어퓨전 샤워(Affusion Shower)는 실내 전용 룸의 마사지 테이블 위에 달린 5~7개의 샤워헤드를 이용한다. 테이블 위에 누우면 그 위에 설치된 샤워헤드가 작동되어 타입별로 물의 압력과 각도를 조절하면서 마사지 하며, 엎드린 자세에서도 같은 방법으로 전신에 관주 샤워가 들어간다. 물이 분출되는 방향은 자유롭게 조절이 가능하도록 되어 있다.

수치료 방법으로 사용되나 대개는 바디머드 시 사용된다.

[그림 2-12] 비쉬 샤워

(2) 증기욕, 뜨거운 공기욕, 약초목욕

① **증기 욕**(Steam Bath)

증기를 머리 포함한 전신에 적용한 수요법으로 감기와 부비강염에 탁월한 효과가 있다. 40.5도~43.3도의 온도로 약 10~15분 동안 적용한다.

② **터어키욕**(Turkish Bath)

건열기욕의 일종으로 세 종류의 온도가 다른 열기실로 구성되어 있다. 땀을 흘리는 요법으로 호흡기 계통을 원활하게 하여 재충전해준다. 약 45도 정도의 온도로 10분~20분 정도 땀을 흘린 뒤 즉시 샤워를 한다.

③ **사우나**(Sauna)

핀란드에서 1~2천년동안 사용되어 온 건열기욕으로, 사우나실에 약 8 ~ 15분간 들어갔다가 냉탕에서 휴식을 취하는 과정을 2~3회 반복하는 목욕법(Valtakari, 1988)이다. 발한에 의한 노폐물제거로 피로회복, 순환증진의 효과가 있다. 온도는 62.8~137도까지 할 수 있으며 94도에서 순환은 활성화한다. 5분~15분 후에 뜨겁거나 차가운 풋배스를 하는 게 좋다.

④ **약초 목욕**(Medicated Bath)

약초목욕요법은 약제니 아로마 오일을 욕탕에 섞어 수요법에 응용하는 방법과 말린 꽃잎이나 건초를 담은 바스(Petal Bath)를 이용하는 방법이 있다. 온도는 34.4도~36.7도로 약 10~20분간 적용하는데 이는 진정작용과 피부질환에 효과가 있다.

(3) 호흡 요법(Inhalation Therapy)

스팀룸 즉, 사우나에 아로마 오일을 포함시키면 호흡요법이 된다. 가장 보편적으로는 유칼립투스, 라벤다가 널리 사용되고 있으며, 바닷물도 딸라소테라피에서 사용된다. 해수에는 마그네슘, 요오드 이온 등 각종 무기질이 함유되어 있어 이들의 흡수를 통한 맥박감소, 폐활량 증가와 동맥압을 낮춘다.

4) 딸라소테라피(Thalassotherapy)

19세기 중반 프랑스 학자에 의해 개발된 딸라소테라피는 그리스어로 Thalasso(바다)와 Therapie(요법)가 합쳐진 복합어로 1961년 프랑스의 Thalasso therapy학회에서는 프랑스보건성의 Thalasso Therapy의 용어를 "Thalasso therapy는 해수, 해조, 해니, 해양성 공기와 기후의 치유적 특성이 혼합되어 테라피 요소의 정점을 이룬 것의 활용이다"라고 정의하였다. Thalasso therapy는 해수의 화학적 구성성분이나 PH 밸런스가 임산부의 태아가 생활하고 성장하는 자궁속의 양수와 거의 흡사하다는 점에서 출발한다. 양수는 병원균이 없을 뿐만 아니라 생명에 필요한 여러 영양성분을 그대로 간직하고 있는데 이는 수심 200M 이상의 심해수와 성분이 비슷하다. 해수의 각종 원소가 피부를 통해 말초혈관에서 흡수되는데 해수는 피부 영양공급과 보습작용을 해 피부 톤과 탄력을 개선하며 근육의 긴장 완화와 유연성 증대, 신체 내 독소와 노폐물을 제거하여 질병 예방과 자연치유력을 증진시킨다.

유럽에서는 19세기 말 영국과 프랑스의 해안지역에서 최초로 해수요법 센터가 세워졌고 1960년대에 프랑스의 유명한 사이클 선수였던 루이종 보베가 현대적 의미의 해수요법 센터를 개설하여 해수요법이 전 세계적으로 인기를 얻었다.

현재 세계적으로 유명한 딸라소테라피 센타는 유럽의 지중해 연안에 집중되어 있다.

(1) 딸라소테라피의 치유 효과

① 신경안정 및 불면증에 효과

② 혈압이 조절되고, 혈액순환 향상

③ 호흡기계 기능 향상으로 폐활량 증가, 폐질환의 치료효과

④ 위장기능 강화

⑤ 해독작용과 지방질 분해를 하는 담즙의 분비 향상

⑥ 장운동 강화

⑦ 갑상선 기능장애에 효과

(2) 딸라소테라피의 적용형태

스파에서는 Sea Water, Sea Mud, Sea Salt, Clay, Seaweed 등을 이용하여 다양한 프로그램으로 개발, 응용되고 있으며 크게 아래와 같은 형태로 분류할 수 있다. 효과를 극대화하기 위해 허브나 아로마테라피 등과 결합하기도 한다.

① **전신해수욕**(Sea Water Bath)

가열된 해수를 넣은 욕조에 몸을 담그는 방법으로 신체의 이온흡수가 가능해 Thalasso therapy 중에서 전신에 미치는 작용이 크다. 류마티즘, 관절염 등 만성염증성질환과 알러지성 질병, 여성생식기 질병에 효과가 우수하다. 나이와 건강상태를 감안하여 온도, 목욕시간을 정하는데 일반적으로 10~30분으로 적용한다.

[그림 2-13] 전신해수욕

② 해초, 머드 Bath

해초나 머드를 전신에 바르는 방법으로 얼굴, 등, 손, 발 등에 팩을 하여 이용하기도 한다. 진흙을 피부에 바르면 일시적으로 외부 공기를 차단하여 피부표면에서 발산되는 수분은 진흙피막과 피부 사이에 고이게 된다. 이 수분은 피부의 표면을 촉촉하고 윤택하게 하여 스킨케어는 물론 진흙 속에 들어있는 유효성분을 흡수하기 좋게 하여 뼈나 근육의 외상, 류마티스성 질환의 통증완화와 혈액순환 촉진 등에 사용된다.

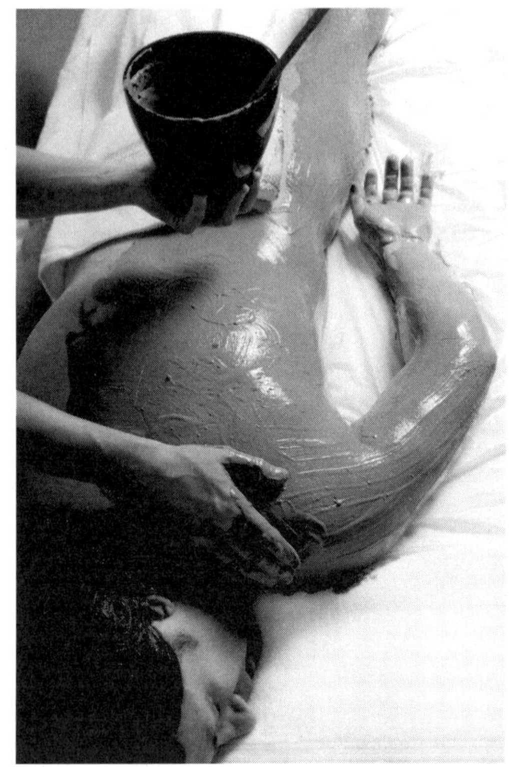

[그림 2-14] 머드 배스

③ Sea water Wrap

바닷물을 적신 천을 몸에 둘러싸는 방법으로 이는 주로 쉽게 바닷물을 구할 수 없는 해안가에 위치하지 않은 스파에서 딸라소 테라피를 실행하는 방법이다.

5) 바디 트리트먼트(Body Treatment)

(1) 바디 랩(Body Wrap)

바디 랩은 젖은 뜨거운 린넨 천으로 몸을 둘러싼 후 마일러 또는 면 담요로 덮는 방법이다. 랩은 간단하게 약초물에 담근 쉬트나 미네랄 머드 또는 해수요법 마스크 등을 사용할 수 있다. 체온이 너무 올라가지 않도록 차가운 타올로 고객의 이마를 둘러싸거나 미스트를 뿌려준다. 고객은 랩으로 둘러싸인 상태에서 약 20분간 있게 되는데 이 시간 동안 두피 또는 일굴 마사지나 짧게 발반사 마사지를 제공한다. 고객이 폐쇄공포증이 있으면 팔을 빼고 랩을 하거나 정도가 심하면 바디랩 관리를 피해야 한다.

(2) 바디 스크럽(Body Scrub)

엑스폴리에이션(Expolliation), 바디 스그럽은 피부의 거칠고 들뜬 각질을 제거한다. 관리사는 허브와 소금을 결합한 액체를 고객의 몸에 바른 뒤 천연 수세미로 몸을 문지른다. 그런 다음 보습제를 사용하여 가볍게 마사지한다. 이러한 관리를 루파 목욕 또는 솔트 글로우라 한다.

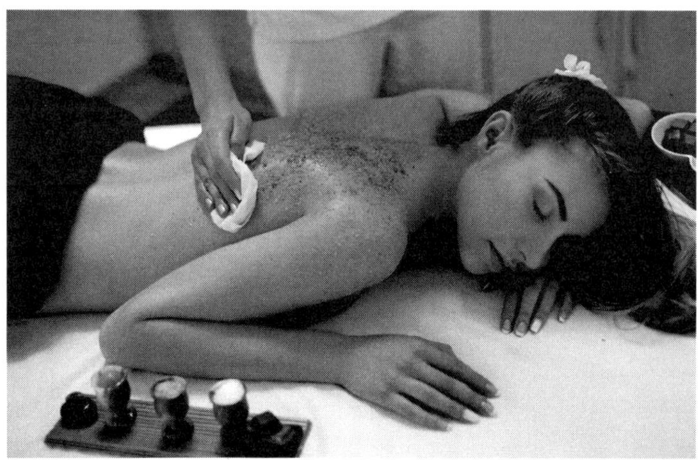

[그림 2-15]
바디 스크럽

(3) 브러시 · 토닝(Brush & Tone)

몸을 드라이 브러싱 하는 것으로 드라이 브러시 관리로도 불려 지며 각질제거와 림프순환 혈액순환 등의 효과가 있다. 관리사는 특수 브러시 또는 거친 천을 사용하여 피부의 표면을 가볍게 문질러 각질을 제거한다. 이 관리는 주로 바디 마스크 또는 비시 샤워의 전 단계에 시행된다.

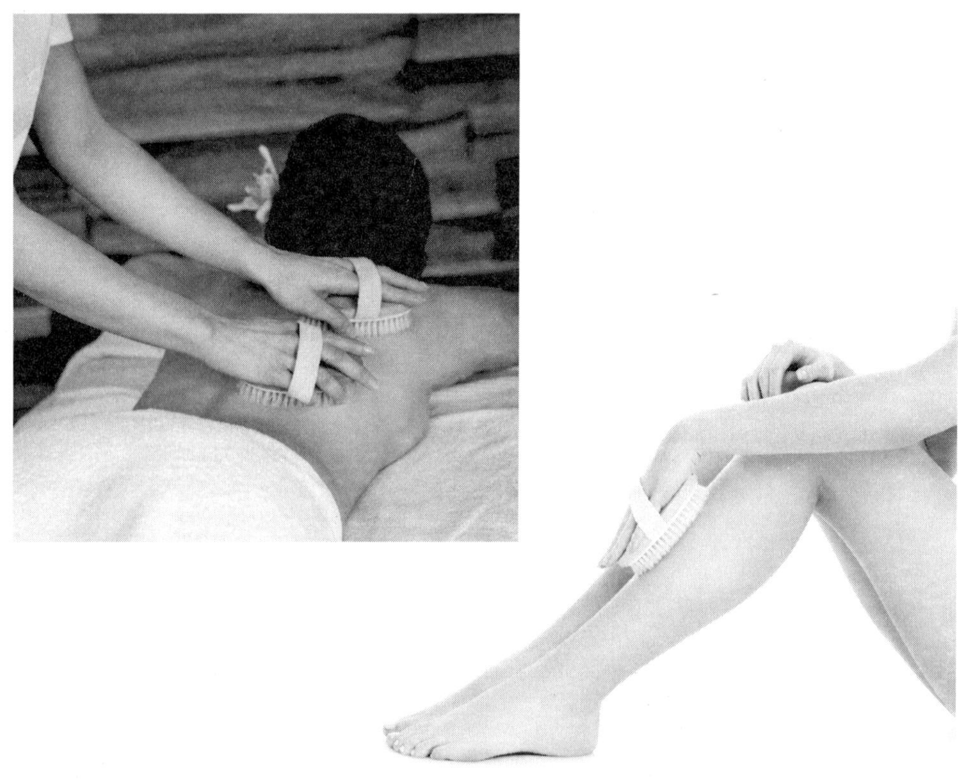

[그림 2-16] 바디 브러쉬

(4) 왁싱(Waxing)

사람마다 다리, 팔, 인중 등 신체 각 부위에 난 털을 원하지 않아 제거를 원하는데 스파에서는 '왁싱'이라는 제모 서비스를 제공하고 있다. 왁싱을 할 때는 효과가 오래 지속될 수 있도록 가능한 한 미리 면도하거나 털을 뽑지 않는 것이 좋다. 또 햇볕에 화상을 입었거나 제모 할 부위의 피부가 손상되었다면 제모를 하지 않는 것이 좋다. 손상된 피부가 더 자극을 받아 털과 함께 벗겨질 가능성이 있기 때문이다. 제모는 따뜻한 왁스나 차가운 왁스를 천에 묻혀 바른 다음 재빨리 벗겨내면 털이 왁스와 함께 제거된다. 이는 가장 보편적인 제모이며 이 외에도 화학물질을 피부에 발라 털을 녹이는 탈모제의 사용, 슈가링, 전자 바늘을 사용하여 모근을 죽이는 전기분해 요법 등 다른 제모 기법들도 많이 있다.

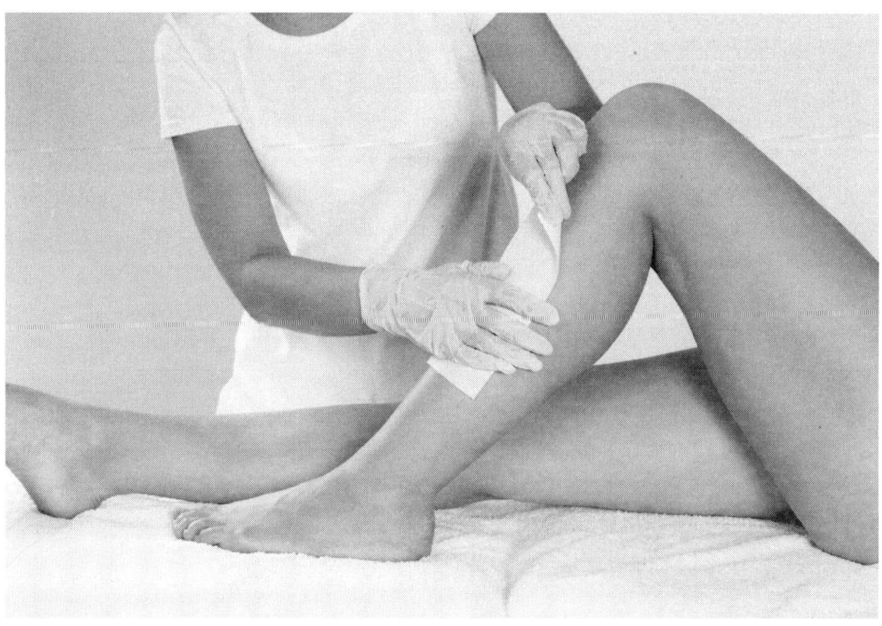

[그림 2-17] 왁싱

6) 훼이스 관리(Face Care)

대부분의 스파는 페이셜 관리를 제공하는데, 페이셜 관리는 건강한 피부로 가꾸고 유지하기 위한 좋은 방법이다. 모든 페이셜은 피부를 깨끗하고 청결하게 유지하고 보습하며 각질을 제거하여 새로운 세포가 적절히 성장하도록 도와준다. 페이셜 관리를 정기적으로 꾸준하게 하면 피부가 자연스럽게 개선되고 건강해 질 수 있다. 페이셜은 비교적 집에서 혼자 하기도 쉬우나, 더 큰 효과를 기대하기 위해서는 전문가에 의한 정확한 진단과 관리가 필요하다.

페이셜 프로그램에 따라서 손 보습 관리나 발 관리 등을 함께 적용하기도 한다. 고객은 베드 위에서 편안한 마음으로 휴식을 취하면서 가벼운 담요로 몸을 덮고 있으면 된다. 페이셜 관리실은 안락함을 느낄 수 있는 적당한 조명과 긴장을 완화시켜주는 배경 음악을 준비하며 아로마테라피를 곁들여 호흡을 가다듬으면서 최대한 몸과 마음이 릴렉스 할 수 있게 돕는다. 시작 전 일반적인 건강상태, 피부상태 및 생활습관, 평상시 피부 관리 방법 등에 관해 충분한 상담이 이뤄진다. 이와 같은 관리 전 상담을 통해 어떤 종류의 페이셜 관리가 가장 효과적인지 결정할 수 있게 된다. 고객마다 피부타입, 피부상태가 다르기 때문에 획일화된 관리를 하는 것이 아니라 맞춤형 관리로 고객의 피부 상태 개선 및 향상에 집중한다.

페이셜 관리는 피부 개선 및 향상, 건강한 피부 상태를 유지를 하는 것은 가능하지만 심각한 발진, 장애 등 문제성 피부의 치료를 위해서는 피부과 의사의 진료를 받아야 한다. 전문적 관리의 결과를 유지하고 그 효과를 이어 나가기 위해 적절한 홈케어가 추천된다. 잘못된 화장품 사용 습관과 생활습관을 바로 잡고 필요한 제품을 추가적으로 사용해 집에서도 스스로 관리하는 습관을 기를 수 있다.

간혹 페이셜 관리를 받은 직후나 다음날 문제가 발생하기도 하는데 이는 페이셜 관리 후 피지층의 불순물이 종종 피부 표면에 나타나는 것으로 일시적인 반응일 수 있으니 당황하지 말고 담당 테라피스트에게 문의하여 조언을 구하도록 안내 한다.

모든 페이셜은 클렌징, 각질 제거, 토닝 및 보습 등 기본적인 절차를 공통으로 갖는다. 먼저 피부로부터 메이크업과 각질을 제거하고 블랙 헤드나 화이트 헤드 같은 피부 표면 불순물을 보다 쉽게 제거하기 위해 스티머를 사용하여 모공을 이완시킨 다음 필링제를 사용하여 피부를 가볍게 마사지한다. 각질제거를 한 다음 토너를 발라 모공의 기능을 원활하게 해준다.

그 다음 보습을 위한 마스크나 크림, 로션 등 보습제를 적용한다.

또한 페이셜 관리 시 페이셜 마사지로 단단해진 근육을 이완시키고 긴장을 완화하게 한다.

아로마테라피 페이셜(Aromatherapy Facial)의 단계는 일반적인 베이직 페이셜과 유사하며 에센셜 오일을 기반으로 하여 오일과 로션을 사용한다.

이 페이셜은 오일의 마사지 효과 때문에 보다 가벼운 마사지 터치를 필요로 한다. 테라피스트는 고객에게 효과나 목적에 따른 아로마 오일을 선택하게 하는데 이 때 아로마 오일은 정서적, 감정적 효과 이외에도 수렴효과, 진정효과, 항 박테리아 효과 등 피부 관리적 효과가 있다.

[그림 2-18] 페이셜 관리

7) 기타

(1) 매니큐어와 페디큐어(Manicure & Pedicure)

일반적인 매니큐어와 페디큐어는 표피 관리, 손톱 및 발톱 디자인 형성, 거친 피부의 제거, 보습, 그리고 광택 등의 절차를 포함한다. 스파 스타일의 매니큐어는 전체 팔에 대한 추가적인 관리를 포함하는데 손을 파라핀 왁스에 담근 후 랩을 두르고 장갑을 끼거나 뜨거운 타올로 감싸면 된다. 스파 페디큐어는 무릎 부분까지 적용되는 마사지와 스킨케어를 포함할 수 있다. 또는 미네랄이나 아로마 테라피를 이용한 풋배스로부터 시작하여 박피 스크럽, 보습 파라핀 또는 크림 마스크, 발반사 마사지 등을 포함할 수 있다.

(2) 메이크업(Make-up)

메이크업 스테이션은 기초 메이크업에서부터 색조 메이크업까지 파운데이션, 파우더, 아이섀도우 및 라이너, 립스틱 및 블러셔 등의 서비스가 제공되는 미니 메이크업 카운터이다. 새롭고 다양한 시도를 해볼 수 있으며 제품 체험을 통한 상품 구매로 연결 될 수도 있다. 메이크업 서비스 시 반드시 개봉되지 않은 샘플을 사용하고 면봉 등에 묻혀 사용할 수 있도록 한다.

[그림 2-19]
메이크업 스테이션
국내 G스파

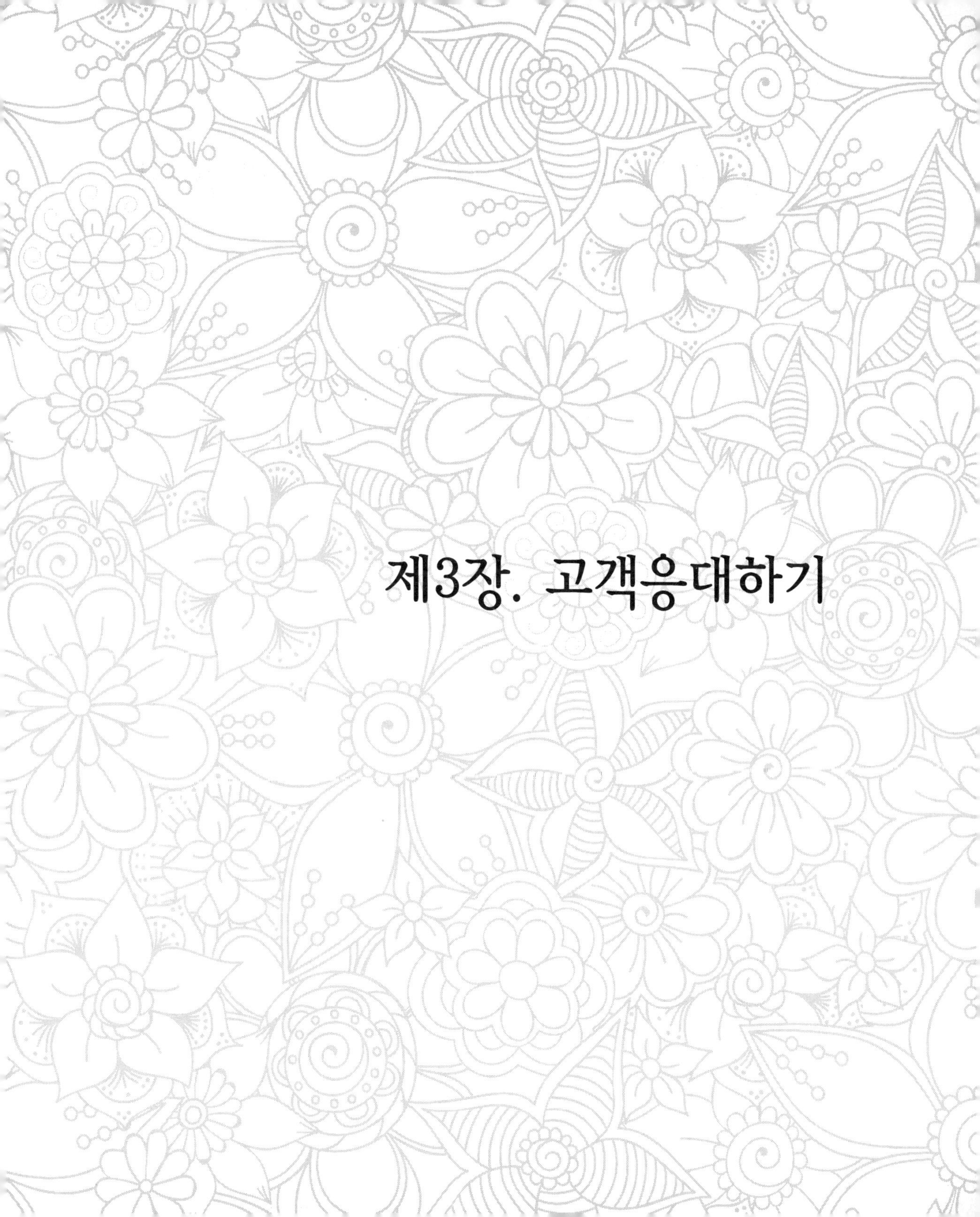

제3장. 고객응대하기

1. 호텔스파 서비스인의 기본예절

1) 에티켓과 매너

(1) 에티켓

에티켓은 예의범절을 이르는 말로 타인과의 공동체 생활에서 존중을 바탕으로 지켜야 할 질서와 바람직한 행동 양식을 뜻한다.

① **정해진 행동 규범**

사회생활에 필요한 관행, 관습을 형식화

② **약속과 형식**

규범을 잘 준수했느냐 아니냐에 따라 '에티켓이 있다, 없다'로 구분되어 지며, 동시에 '예의가 있다, 없다'로 구분할 수 있다.

③ **공명정대한 마음가짐**

그릇됨 없는 정당하고 떳떳한 태도로서 상대방을 존중하는 마음은 에티켓의 기본정신이다.

즉, 에티켓은 타인을 대할 때의 마음가짐이나 태도라고 할 수 있으며, 실내와 실외에서의 에티켓, 남녀 간의 예의, 복장, 인사, 경칭, 식사예법 등 생활 전반의 분야에 이른다.

(2) 에티켓의 본질

① 타인에게 폐를 끼치지 않는다.

② 티인에게 호감을 주도록 한다.

③ 타인을 존중한다.

(3) 매너

매너는 타인에 대한 배려로 에티켓을 행동으로 표현하는 것이다. 사람의 행동과 습관 등을 내포하며 행농을 취하는 방법을 의미한다.

① 행동 방식

에티켓을 외적 행동으로 표현하며 '매너가 좋다, 나쁘다'로 구분되어 진다.

② 배려와 인성

좋은 매너는 마음과 인격 그 자체

③ 자기관리와 노력

선천적으로 타고 나는 것이 아니라 훈련으로 갖출 수 있다.

(4) 에티켓과 매너 차이

① 에티켓은 지켜야 할 규범이며, 매너는 에티켓을 표현하는 행동방식이다.

② 매너는 생활 속 관습이나 몸가짐 등 일반적 예의를 뜻하나, 에티켓은 이보다 고도의 규칙, 예법 등으로 요구도가 높다.

③ 에티켓은 '있다, 없다'로 구분되며, 매너는 '좋다, 나쁘다'로 구분된다.

(5) 에티켓과 매너의 중요성

에티켓이나 매너는 상대방을 항상 존중, 존경의 마음으로, 상대방의 입장에서 생각하는 마음가짐으로부터 시작된다. 이는 인간관계 및 조직관계의 기본으로 비즈니스에서 성공과 실패를 좌우할 수 있을 정도로 그 중요성이 날로 높아지고 있다.

[그림 3-1] 에티켓과 매너

2) 용모와 복장 매너

(1) 용모와 복장의 의미

① 용모 : 얼굴의 표정과 모양

② 복장 : 신분 및 직업, 상황에 맞추어 입는 의복

(2) 용모와 복장의 중요성

단정하고 깔끔한 복장을 하고 있는 사람과 너저분하고 오물이 묻은 옷을 입고 용모가 단정하지 못한 사람을 동시에 대할 때 어느 쪽이 더 호감이 가고 신뢰감이 드는가? 전자의 경우 처음 만난 사람일지라도 왠지 모르게 신뢰가 가고 후자의 경우 호감도가 떨어지고 성의가 없게 느껴져 불쾌한 기분마저 들 수 있다. 이렇듯 용모와 복장은 첫 인상을 결정짓고 나 자신의 인격과 마음가짐을 표현하는 수단이자 전략이다.

① 첫 인상을 좌우한다.

② 인격의 표현이다.

③ 마음가짐을 좌우한다.

④ 직장 문화를 형성한다.

(3) 유니폼 기능과 중요성

① 기업의 이미지 표현

② 직장 내 소속감 부여

③ 업무의 효율성 향상

④ 질서와 통일

[그림 3-2] 유니폼

(4) 호텔 스파의 용모와 복장

[테라피스트]

[표 3-1] 테라피스트 용모와 복장

구분	여사원	남사원
유니폼	1. 지정된 유니폼을 단정하게 착용한다. 2. 유니폼은 깨끗이 세탁된 상태로 유지되어야 하고 구김이 없고 단추 등이 떨어진 곳은 수선하여 항상 단정하게 관리한다. 3. 볼펜, 메모지 등을 제외한 불필요한 물품의 소지는 금한다.	1. 지정된 유니폼을 단정하게 착용한다. 2. 유니폼은 깨끗이 세탁된 상태로 유지되어야 하고 구김이 없고 바지 단이나 단추 등 떨어진 곳은 수선하여 항상 단정하게 관리한다. 3. 볼펜, 메모지 등을 제외한 불필요한 물품의 소지는 금한다.

신발	1. 지정된 유니화 혹은 소음 발생을 최소화하는 고무 재질 밑창의 검정 계열의 단화를 착용한다.	1. 지정된 유니화 혹은 소음 발생을 최소화하는 고무 재질 밑창의 검정 계열의 단화를 착용한다.
양말/스타킹	1. 땀 흡수가 좋은 면 재질의 양말(유니화와 컬러 통일)	1. 땀 흡수가 좋은 면 재질의 양말(유니화와 컬러 통일)
명찰	1. 왼쪽 가슴에 상대방이 알아볼 수 있게 지정된 명찰을 단정히 부착한다.	1. 왼쪽 가슴에 상대방이 알아볼 수 있게 지정된 명찰을 단정히 부착한다.
두발	1. 머리 길이가 어깨 이상일 경우는 머리를 단정히 넘기고 그물망을 씌운다. 2. 머리 길이가 짧을 경우 단정히 빗질 및 손질되어 있어야 한다. 3. 머리는 헤어젤, 스프레이 등을 이용해 잔머리가 흘러내리지 않도록 정돈한다. 4. 밝은 컬러의 염색은 지양하며 검정, 자연갈색 계열의 색상으로 한다.	1. 머리는 짧고 깨끗하게 손질되어 있어야 한다. 2. 귀는 노출되고 뒷머리는 와이셔츠 칼라를 덮어서는 안된다. 3. 헤어제품을 이용해 잔머리 등이 흘러내리지 않게 고정한다. 4. 검정, 자연갈색 계열의 색상의 두발을 한다.
악세사리	1. 부착용 귀걸이는 허용 2. 반지, 목걸이 등 그 외 악세사리는 착용을 금한다.	1. 악세사리 착용을 금한다. 2. 손목시계는 착용할 수 있으나 관리 중에는 착용하지 않는다.
얼굴	1. 깨끗하고 단정한 메이크업을 한다. 2. 손관리를 철저히 하며, 네일은 무색으로 항상 청결하고 짧게 관리한다. 3. 지나친 향수의 사용은 금한다.	1. 손관리를 철저히 하며, 네일은 항상 청결하고 짧게 관리한다. 2. 면도는 매일 하여 수염, 코털 등이 길지 않게 한다. 3. 지나친 향수의 사용은 금한다.

[리셉션니스트]

[표 3-2] 리셉셔니스트 용모와 복장

구분	여사원	남사원
유니폼	1. 지정된 유니폼을 단정하게 착용한다. 2. 유니폼은 깨끗이 세탁된 상태로 유지되어야 하고 구김이 없고 단추 등이 떨어진 곳은 수선하여 항상 단정하게 관리한다. 3. 볼펜, 메모지 등을 제외한 불필요한 물품의 소지는 금한다.	1. 지정된 유니폼을 단정하게 착용한다. 2. 유니폼은 깨끗이 세탁된 상태로 유지되어야 하고 구김이 없고 바지 단이나 단추 등 떨어진 곳은 수선하여 항상 단정하게 관리한다. 3. 볼펜, 메모지 등을 제외한 불필요한 물품의 소지는 금한다.
신발	1. 지정된 유니화 혹은 소음 발생을 최소화하는 고무 재질 밑창의 검정 계열의 단화를 착용한다.	1. 지정된 유니화 혹은 소음 발생을 최소화하는 고무 재질 밑창의 검정 계열의 단화를 착용한다.
양말/스타킹	1. 스타킹은 피부색에 가까운 색을 착용한다.	1. 땀 흡수가 좋은 면 재질의 양말(유니화와 컬러 통일)
명찰	1. 왼쪽 가슴에 상대방이 알아볼 수 있게 지정된 명찰을 단정히 부착한다.	1. 왼쪽 가슴에 상대방이 알아볼 수 있게 지정된 명찰을 단정히 부착한다.
두발	1. 머리 길이가 어깨 이상일 경우는 머리를 단정히 넘기고 그물망을 씌운다. 2. 머리 길이가 짧을 경우 단정히 빗질 및 손질되어 있어야 한다. 3. 머리는 헤어젤, 스프레이 등을 이용해 잔머리가 흘러내리지 않도록 정돈한다. 4. 밝은 컬러의 염색은 지양하며 검정, 자연갈색 계열의 색상으로 한다.	1. 머리는 짧고 깨끗하게 손질되어 있어야 한다. 2. 귀는 노출되고 뒷머리는 와이셔츠 칼라를 덮어서는 안된다. 3. 헤어제품을 이용해 잔머리 등이 흘러내리지 않게 고정한다. 4. 검정, 자연갈색 계열의 색상의 두발을 한다.

악세사리	1. 부착용 귀걸이는 허용 2. 결혼반지 외 악세사리는 착용을 금한다. 3. 손목시계는 착용할 수 있다.	1. 악세사리 착용을 금한다. 2. 손목시계는 착용할 수 있다.
얼굴	1. 깨끗하고 단정한 메이크업을 한다. 2. 네일은 무색이나 피부색에 가까운 컬러로 항상 청결하고 짧게 관리한다. 3. 지나친 향수의 사용은 금한다.	1. 손관리를 철저히 하며, 네일은 항상 청결하고 짧게 관리한다. 2. 면도는 매일 하여 수염, 코털 등이 길지 않게 한다. 3. 지나친 향수의 사용은 금한다.

[헤어 스타일과 메이크업]

[표 3-3] 헤어스타일과 메이크업

헤어스타일	1. 짧게 커트하여 단정히 빗어 관리한다. 2. 앞머리가 얼굴 특히 눈을 가리지 않게 한다. 3. 긴 머리는 하나로 묶어 망으로 깔끔히 마무리 한다. 4. 잔머리는 무스나 젤로 고정 시킨다. 5. 지나치게 화려한 머리나 치장은 피한다. 6. 머리 염색은 검정이나 자연갈색에 가까운 컬러로 한다.
메이크업	1. 따뜻한 느낌을 주는 색으로 자연스럽게 한다. 2. 눈썹은 자연스럽게 그려준다. 3. 신부화장 같이 너무 화사하고 진한 화장은 피한다. 4. 입술화장은 너무 어두운 색은 피한다. 5. 화장한 얼굴이 얼룩지거나 립스틱이 지워졌는지 가끔씩 확인한다.

3) 기본 고객 응대 매너

(1) 인사 예절

- **인사의 3요소**

① 말씨

② 표정

③ 태도

- **인사의 중요성**

① 예절의 기본

② 인간관계의 첫 걸음

③ 자신의 인격과 소양을 표현하는 최초의 행동이자 자기표현

④ 서비스의 기본이자 척도

⑤ 상대가 첫 번째 느낄 수 있는 감동

- **올바른 인사법**

① 내가 먼저

② 상대방과 눈을 맞추어

③ 표정과 목소리는 밝게

④ 한 마디 덧 붙여서

- **잘못된 인사법**

① 할까 말까 망설이는 인사

② 성의 없이 마지못해 하는 인사

③ 고개만 까딱하는 인사

④ 무표정한 인사

⑤ 말로만 하는 인사

⑥ Eye contact(눈맞춤) 없는 인사

- **인사유형**

목례 (15도)	· 대답하거나 고객 응대 시 · 복도, 계단과 같은 좁은 공간에서 인사 시 · 자주 만나거나 마주칠 경우
보통례 (30도)	· 일반적인 인사 · 고객과 맞이하거나 전송할 때 · 감사드릴 경우 · 사죄드릴 경우
정중례 (45도)	· 깊은 감사의 표현 · 정중한 사죄의 표현

[국가별 인사법]

[표 3-4] 국가별 인사법

국가	국가별 인사법
미국	악수. 손을 힘 있게 잡고 여러 번 흔든다.
프랑스, 스페인, 이탈리아 외	주로 양쪽 뺨에 키스를 함. 단, 이성간에는 연인이 아니라면 소리만 내고 실제 입술은 닿지 않는다.
러시아	키스를 하고 포옹을 한다.
인도	두 손을 모아 합장하며 '나마스테'라고 말하면서 고개를 숙인다.
싱가포르	살람. 한 손을 펴서 서로의 손에 가볍게 댄 후 그 손을 가슴 위에 올려놓는다.

멕시코, 아르헨티나, 콜롬비아 외	서로 껴안고 키스를 한 후 친근함의 표시로 어깨를 몇 번씩 두드린다.
뉴질랜드 북섬	반가운 남녀가 만나면 코를 서로 두 번씩 비빈다.
터키	친한 사람끼리 만나면 서로 볼을 비비거나 손을 붙잡는다.
아프리카 탄자니아 (마사이 부족)	만나거나 헤어질 때 상대에 대한 존경과 친근감의 표시로 얼굴에 침을 뱉는다.
사우디 아라비아	악수를 한 후 양쪽 뺨에 키스를 한다.

[인사 체크리스트]

[표 3-5] 인사 체크리스트

질문내용		나쁨	보통	좋음
		0	1	2
1	아침 출근 시 "안녕하십니까?"하고 동료들에게 말을 걸고 있는가?			
2	고객이 스쳐 지나 갈 때 미소지우며 인사하거나 미소 띤 얼굴을 하고 있는가?			
3	사람 사이를 지나갈 때 "실례하겠습니다."라고 말을 하는가?			
4	엘리베이터에서 내릴 때 다른 사람에게 "먼저 내리겠습니다."라고 말하는가?			
5	상대방에게 사소한 것이라도 도움을 받았을 때 "감사합니다."라고 말하는가?			
6	오래 기다리신 분께 "오래 기다려주셔서 감사합니다."라고 표현하고 있는가?			
7	누군가가 불렀을 때 상냥하게 "예"라고 대답할 수 있는가?			
8	"다녀오겠습니다.", "다녀왔습니다.", "다녀오십시오.", "잘 다녀오셨습니까?" 등의 인사를 하는가?			
9	고객 불만, 불평 시 핑계를 대기보다 먼저 "죄송합니다."라고 말할 수 있는가?			

10	맞장구 인사법을 잘 실천하고 있는가?("아~그러시군요.", "예~이러하다 말씀이시죠.")			
11	항상 밝고 명랑한 어조로 정중하게 인사하는가?			
12	손을 주머니에 넣거나 껌이나 음식물을 오물거리면서 인사한 적은 없는가?			
13	고개만 까딱 숙이는 인사를 하고 있지는 않는가?			
14	평상시에는 인사하지 않고 아쉬울 때만 인사하고 있지는 않은가?			
15	지나친 인사를 하여 상대방을 무안하게 하지는 않았는가?			
16	형식적인 겉 치례로 인사하고 있지는 않는가?			
17	상대의 신상변화 등을 고려하여 인사말을 적절히 사용하고 있는가?			
18	인사를 시작하고 끝날 때의 인사의 각도, 몸가짐, 시선, 속도는 알맞게 하고 있는가?			
19	상대방이 나를 알아보지 못해도 내가 먼저 인사하는가?			
20	먼저 인사를 하였으나 답례가 없을 때 다시 인사하는가?			

(2) 대화 예절

[좋은 말씨의 기본원칙]

① 밝고

② 상냥하게

③ 명료하게

④ 공손하게

[대화 기본 원칙]

- **듣기**

① 상대와 시선을 마주치며 상대의 표정과 동작을 주시한다.

② 상대의 의도를 파악할 때까지 침묵을 지키며 귀를 기울인다.
③ 몸은 상대를 향해 조금 앞으로 내밀듯이 앉으며, 적당한 거리를 유지하며 듣는다.
④ 맞장구를 치며 반응을 보이고 모르는 내용은 질문한다.
⑤ 고개를 끄덕이거나 메모를 하는 등 적극적으로 경청한다.
⑥ 말을 중간에 끊지 않는다.
⑦ 상대의 입장에서 듣는다.
⑧ 귀로만 듣는 것이 아니라 눈으로도 들으며 시각, 청각, 촉각 등 모든 감각을 총동원하여 듣는다.
⑨ 선입견 없이 개방적이고 긍정적인 태도로 듣는다.
⑩ 듣는 모습도 서비스임을 잊지 않는다.

◆ 말하기

① 상대방의 입장을 생각하며 목적에 맞게 말한다.
② 밝은 톤의 목소리, 명확한 발음과 정중한 말씨, 적당한 속도로 말한다.
③ 상대방의 시선을 마주치며 말한다.
④ 상대방에 맞춰 이해하기 쉽게 말한다.
⑤ 적절한 손동작 등 제스처를 사용한다.
⑥ T.P.O에 맞게 말한다.
Time(때), Place(장소), Occasion(경우)

◆ 1,2,3 화법

1분 동안 말하고, 2분 동안 상대방의 이야기를 경청하며, 3번 맞장구를 친다.

◆ 호텔스파 금지 용어

① 모릅니다.
② 못합니다.
③ 안됩니다.
④ 없습니다.

[그림 3-3] 대화 예절

[대화기술]

① 부정문을 긍정문으로

예) 못합니다. → 죄송합니다만, 조금 어려울 것 같습니다.

② 명령문을 의뢰문으로

예) ~하십시오. → ~해 주시겠습니까?

③ 쿠션화법

문장을 부드럽게 만드는 말

예) 죄송합니다만, 실례합니다만, 바쁘시겠지만, 번거로우시겠지만

④ 칭찬화법

상대방을 기분 좋게 하는 화법으로 상대를 칭찬할 때는 구체적으로 칭찬하는 것이 중요

⑤ YES/BUT 화법

상대방과 반대되는 의견을 말해야 할 때 상대방 의견을 먼저 인정하고 나의 의견 전달

예) 네, 맞습니다. 그런데~

⑥ 신뢰화법

다까체와 요조체를 적절한 비율로 섞어 말해 신뢰도를 높임.

⑦ 부정 먼저, 긍정으로 마무리

부정과 긍정의 내용을 모두 말해야 할 경우, 부정적 내용 먼저 말하고 긍정적인 내용으로 마무리하여 호감도 높임.

예) 조금 번거롭긴 하지만 효과는 매우 좋습니다.

[대화예절 체크리스트]

[표 3-6] 대화예절 체크리스트

질문내용		나쁨	보통	좋음
		0	1	2
1	고객이 자신의 의견을 자연스럽게 말할 수 있도록 편안한 분위기를 유도하는가?			
2	고객의 얘기를 들을 때 시선을 맞추고 진지한 자세로 임하는가?			
3	편견이나 선입견 없이 개방적인 자세로 듣는가?			
4	고객과의 대화에 있어 감정을 이입하여 적극적인 경청의 자세를 유지하는가?			
5	고객감정을 이해 하는 표정을 짓거나 복창하여 공감하고 있음을 표현하는가?			
6	고객이 말할 때 적절히 끄덕이거나 맞장구를 치며 듣는가?			
7	대화 도중 고객의 문의나 요구를 메모하는가?			
8	질문할 타이밍을 잘 맞추는가?			
9	고객의 얘기를 중간에 끊지 않고 끝까지 듣는가?			
10	"안녕하십니까?", "안녕히 가십시오." 등 항상 먼저 인사하려고 하는가?			
11	밝고 명랑한 표정과 적절한 속도로 말하는가?			
12	말의 내용을 명확하게 전달하는가?			
13	경어를 올바르게 사용하고 있는가?			

14	감사와 위로의 표현을 진심으로 아낌없이 하는가?			
15	장점을 찾아 진심어린 칭찬을 자주 하고 있는가?			
16	잘못을 했을 경우, 진심으로 사과의 말을 하며 용서를 구하는가?			
17	거절해야 할 경우 상처가 되지 않게 정중히 말하는가?			
18	전문용어, 줄임말 등을 사용하지 않고 알아듣기 쉽게 말하는가?			

[호칭 매너]

◆ 호칭의 필요성

① 군중 속에서 지칭하는 역할

② 상대로 하여금 나에게 집중시킴

③ 조직 및 공동체에서 신뢰와 협조 발휘

◆ 호칭 사용 시 주의점

① 듣는 사람이 서부삼 없는 호칭을 사용할 것

② 정중한 용어 사용

③ 적당한 톤을 사용

◆ 호칭 사용법

① 상급자에 대한 호칭

성과 직위 다음 '님'자를 붙임. 예)김부장님

② 동급자 또는 하급자에 대한 호칭

성과 직위를 사용. 혹은 성명과 직위로 호칭. 예)정대리, 김철수주임

하급자라도 연장자일 경우 예우를 해 주며, 초면일 경우 '님'자를 붙여 호칭하기도 함.

③ 고객에 대한 호칭

고객의 성명 다음 '~님', '~고객님'으로 호칭 함.

고객의 성함을 정확히 모를 경우 '고객님', '선생님', '손님' 등으로 호칭 함.

④ 본인에 대한 호칭
상대방의 나이와 직급에 따라 '저는', '제가' 혹은 '나는', '내가' 로 본인을 호칭 함.

⑤ 직책 없는 일반 직원 사이 호칭
공적인 경우, 혹은 업무 시에는 반드시 '~씨'로 상호 간에 호칭한다.

(3) 전화 예절

[전화예절의 필요성]

직접 응대 시 음성, 용모 · 복장, 표정, 태도 등 다양한 요소의 조화로 자신의 올바른 이미지를 표현하는 반면 전화 응대 시에는 음성 한 가지만으로 자신의 올바른 이미지를 표현하고 소통해야하기 때문에 전화 예절이 반드시 필요하다.

[전화응대의 중요성]

전화는 고객과의 첫 번째 만남이고 기업의 이미지를 좌우하며 이미지를 통한 기업의 세일즈 수단이자 현대의 가장 기본적 정보 교환 수단이다.

① 전화는 기업의 이미지
② 전화는 고객접점의 제 1선
③ 전화는 기업의 영업/홍보
④ 전화는 업무의 동맥
⑤ 전화는 자신의 인격

[전화응대의 특성]

① 얼굴 없는 고객응대의 접점이다.
: 목소리만의 만남이다.
② 정보교환의 결여성이 있다.
: 음성에만 의지해 대화한다.

③ 예고 없는 방문객이다.
: 고객 의지에 의존한다.

④ 일방적인 대화가 많다.
: 전화상으로 의견을 충분히 나누기엔 제약이 있다.

⑤ 전화는 비용이다.
: 고객 의사를 통해 예약 등 실질적 매출을 발생시킨다.

[전화응대 포인트]

① 간단하고 신속하게
② 정확하게
③ 밝고 상냥하게
④ 정성스럽게
⑤ 바른 자세와 언어 사용

[전화응대의 자세]

◆ **전화 걸 때의 응대 자세**

① 상대의 번호, 소속, 성명 등을 확인한다.
② 용건에 필요한 자료와 서류 등을 준비한다.
③ 필기구와 메모지를 준비한다.
④ 자신을 먼저 밝히고 인사를 한다.
⑤ 용건 대상자를 지목하고 용건을 전달한다.
⑥ 중요한 사항은 강조하고 반복한다.
⑦ 끝 인사를 하고 마무리한다.

◆ **전화 받을 때의 응대 자세**

① 벨소리가 3번 이상 울리기 전에 받는다.
② 늦게 받았을 경우 사과/감사의 멘트를 한다.
③ 업장의 지정 멘트와 소속, 성명을 밝힌다.

④ 상대를 확인한다.
⑤ 용건을 듣고 내용을 복창한다.
⑥ 지명인이 있을 경우 연결한다.
⑦ 끝인사를 하고 마무리한다.
⑧ 표준어와 바른말을 사용하며 전문 용어를 피한다.
⑨ 상대방이 전화를 끊고 2초 후 끊는다.

[그림 3-4] 전화 예절

[상황별 전화응대]

◆ **고객을 기다리게 할 때**

· 기다릴 수 있는지를 먼저 양해를 구함
· 기다려야 하는 이유를 설명 함
· 기다려 주실 경우 감사 인사를 우선적으로 함

◆ **잘 들리지 않을 때**

· 잘 들리지 않아 실수를 범할 수 있기 때문에 양해를 구하고 재확인 함

· 전화상태가 좋지 않음을 알리고 연락처를 물어 다시 전화를 드림

· 고객/상대의 탓이 아닌 전화기 탓으로 말함

◆ **전화 연결 시**

· 전화 받을 사람 확인

· 연결 시 수화기를 막고 연결

· 즉시 받을 수 없을 경우 상황을 설명 드림

· 타 부서나 타 번호로 전화 연결 시 안 될 경우를 대비해 번호를 미리 안내 함

· 연결 후 누구의 전화인지 사전 안내 함

◆ **부재자에게 걸려온 전화**

· 찾는 사람이 자리에 없음을 알리고 발신자를 확인

· 부재자가 자리에 돌아올 시간을 추정하여 안내

· 메시지를 남기면 전해줄 수 있음을 인내

· 언제/누구에게/내용/연락처 등을 메모하여 전달

◆ **잘못 걸려 왔을 때**

· 상대방이 무안하지 않도록 본래 전화하고자 하는 곳의 회사/부서명과 전화번호를 안내

· 연결이 가능하면 즉시 연결

◆ **통화도중 고객이 방문 시**

· 눈인사나 목례로 인지했음을 알린 후 가능한 신속히 통화를 마무리 할 수 있도록 함

· 통화가 길어질 경우 양해를 구해 응대 후 다시 전화를 할 수 있도록 함

◆ **고객응대 중 전화가 왔을 때**

· 먼저 응대 중인 고객에게 양해를 구함

· 전화 용무가 1분 이내 해결 될 수 있으면 즉시 처리
· 1분 이상 걸리는 업무의 경우 상황을 설명하고 기다리게 하거나 나중에 다시 통화 할 수 있도록 함
· 전화통화 후 기다려 주신 고객께 사과의 말씀을 드림

◆ **전화를 끊을 때**

· 전화를 끊을 때 반드시 끝인사를 하고 마무리 함
· 상대방이 끊은 것을 확인 후 조용히 수화기를 내려놓음

[전화응대 체크리스트]

[표 3-7] 전화응대 체크리스트

질문내용		나쁨	보통	좋음
		0	1	2
1	전화가 울리면 3번 울리기 전에 받는가?			
2	벨이 길게 울린 후 받을 때에는 "늦게 받아 죄송합니다."라고 사과의 말을 하는가?			
3	통화 시 항상 메모할 준비가 되어 있는가?			
4	본인의 소속, 이름을 밝히고 상대방을 확인 하는가?			
5	불필요한 말을 자주 하지는 않는가?			
6	전화 통화 시 길지 않게 용건만 간단히 하는가?			
7	바르고 안정된 자세로 통화하는가?			
8	잘못 듣거나 빠뜨리는 것이 없도록 주의하여 듣는가?			
9	다 듣고 난 후 복창해서 확인하는가?			
10	통화 시 고객을 맞이하는 경우 "죄송하지만, 잠시만 기다려주시겠습니까?"라고 하는가?			

11	통화 중 끊어졌을 때 신속히 전화를 걸어 용건을 이어가는가?			
12	통화 중 다른 사람과 말을 할 때 수화기를 막거나 대기벨로 전환하는가?			
13	너무 큰 소리로 통화하여 주위에 불편을 주고 있지는 않는가?			
14	전화 마무리 시 "좋은 하루되십시오." 등과 같은 끝인사를 하는가?			
15	수화기는 상대가 끊는 것을 확인하고 조용히 놓는가?			

2. 고객 응대

1) 고객

(1) 고객의 욕구

① 기억되기를 바란다.

② 환영받고 싶어 한다.

③ 존중받고 싶어 한다.

④ 칭찬받고 싶어 한다.

⑤ 중요한 사람으로 인식되고 싶어 한다.

⑥ 기대와 요구를 수용해 주길 바란다.

(2) 고객응대의 중요성

① 회사를 대표해 고객과의 최 접점에서의 만남

② 재 구매 창출 등 Sales의 연장

③ 고객의 Needs와 기대를 충족시켜 고객 불만 감소

[그림 3-5] 고객응대 - G스파 리셉션 데스크

(3) 고객응대 단계

① 맞이하는 단계

고객을 처음 맞이하면 하던 업무를 중단하고 정중한 인사로 고객맞이를 우선으로 함

② 업무처리 단계

상대를 확인하고 용건 파악 후 신속하고 적절하게 처리

③ 결과보고 단계

고객의 요청대로 용건이 제대로 처리되었음을 보고하고 결과 설명

④ 만족도 확인 단계

고객이 만족했는지 추가적으로 처리해야 할 용건이 있는지 확인

⑤ 배웅 단계

고객의 용무가 종료되어 돌아갈 때는 친절하게 배웅하여 마무리

(4) 고객 안내

① 동선 안내

② 업장 안내

③ 서비스/프로그램 안내

④ 예약 안내 및 이용 안내

⑤ 기타

(5) 고객 동선 안내 시

① 인사와 목적지 출발을 알림

② 고객보다 두서너 걸음 앞서 걸음

③ 뒤 돌아 보며 고객의 움직임을 살핌

④ 목적지 도착을 알림

⑤ 착석 안내

(6) 스파투어

스파 투어란 스파를 이용하기 전 스파의 전반적인 시설 및 설비 등을 사전 확인 및 구경할 수 있는 서비스로 이용 고객의 불편함이 없는 선에서 제공하고 있으며 경우에 따라 스파투어가 불가하거나 예약이 필요할 수 있다.

· 스파 투어를 통해 우리 스파를 소개하고 장점을 어필하여 홍보효과를 기대
· 시각적 효과와 구두 설명을 통해 고객의 궁금증을 해소 고객서비스 만족도

향상

· 고객의 관심을 파악하고 서비스 안내를 통해 파워풀한 예약

[그림 3-6] 스파 투어_크루즈 스파 릴렉세이션룸

[그림 3-7] 스파 투어_호텔 스파 트리트먼트룸

2) 고객 응대 서비스

(1) 고객 유형별 심리 파악

각각의 다른 성향을 가진 고객들을 대상으로 보다 성공적인 응대를 하기 위해 여러 방법을 활용할 수 있는데 상대, 즉 고객이 왜 이런 말과 행동을 하는지 심리를 파악하고 대응한다면 고객서비스의 질을 높이고 이후의 서비스가 한결 매끄럽게 진행될 수 있게 유도할 수 있다. 고객의 심리는 행동 유형을 보고 판단할 수 있는데 이러한 행동의 경향성을 미국 콜롬비아대학교 심리학 교수인 윌리암 M. 마스톤(William Moulton Marston)박사가 독자적인 행동유형모델을 개발하면서 널리 알려지고 다양하게 활용되어지기 시작했다.

마스톤 박사는 인간의 행동을 주도형(Dominance), 사교성(Influence), 안정형(Steadiness), 그리고 신중형(Conscientiousness)으로 크게 네 가지 기본 유형으로 분류하고 있다. DiSC 행동 유형은 이 네 가지 행동유형의 머리 글자를 딴 것이다.

[DiSC 행동유형별 고객의 특징]

가. D형 고객

D형 고객들은 시간에 매우 민감하여 결정이 빠르고 통찰력이 강해 CEO 유형이라고도 한다. 성격이 급하고 무표정하며 목소리도 크고 리더십이 강하다. 주도적, 결과 중심적이다.

나. i형 고객

다른 사람에게 칭찬받고 인정받고 싶어 하는 스타일로 말하기를 즐기며 외향적이고 낙관적이다. 사교형으로 다른 사람을 즐겁게 하는 능력이 있다. 유행에 민감하며 디자인을 중시하고, 남들과 다르게 특별대우 받는 것을 좋아한다. 다른 유형 고객에 비해 상담 시간을 많이 차지하며 의사 결정 시 제품이나 서비스 자체에 대한 내용 보다 연예인이나 유명인사가 이용한다는 점에 더 관심을 보이는 편이다.

다. S형 고객

참을성이 많고 성격이 느긋하며 행동의 예측이 가능한 일관성 있는 스타일로 갈등과 다툼, 변화를 싫어하고 조화와 균형을 중시한다. 직원의 말을 경청하고 상대를 배려하며 직접적인 제품 및 서비스에 관한 질문을 주로 하고 안정성을 중시한다.

라. C형 고객

매우 신중하고 정확하며 실수를 용납하기 어려운 완벽주의자 성형이다. 객관적, 분석적, 비판적이며 남에게 지적받는 것을 좋아 하지 않는다. 제품 및 서비스에 대해 구체적인 질문을 많이 하고 의사결정을 서두르지 않는다. 제품의 질을 중시하고 근거로서 객관적인 자료를 제시하는 것을 선호한다.

[표 3-8] DiSC

D형 고객(주도형)	**I 형 고객**(사교형)
도전전 공격적이다. 변화를 좋아한나. 결단력있다. 협상 최종가격에 관심을 갖는다. 세부적인 것을 기피한다. 자기가 옳다고 생각한다. 직원의 말을 잘 듣지 않는다.	긍정적이고 낙관적이다. 설득력이 좋은 편이다. 감정에 호소한다. 충동적이고 열성적이다. 말이 많은 편이다. 사교적이나. 직원/판매자와의 관계를 중시한다.
C형 고객(신중형)	**S형 고객**(안정형)
신중하다. 객관적 사실을 중시 여긴다. 정확한 것을 좋아한다. 세밀하고 분석적이다. 비판적이고 고집이 세다. 테스트 후 구매한다. 제품의 질을 중요시한다.	이해력이 우수하다. 수동적이고 우유부단하다. 감정이입이 적은편이다. 보수적인편이다. 우호적이다. 변화를 좋아하지 않는다. 새로운 것보다 검증된 것을 좋아한다.

(2) 고객 유형별 응대법

[DiSC 행동유형별 고객에 대한 판매전략]

가. D형 고객

D형 고객은 신뢰감을 줄 수 있도록 요점만 요약해서 핵심만 설명하고, 추가 설명이 필요하거나 설명이 길어질 때는 미리 사전 양해를 구하는 것이 좋다. 질문에 답할 때도 간단명료하며 직접적인 것이 좋다. 결과에 대한 내용을 강조하고 금액에 민감하므로 사전에 최저협상금액을 제시하는 것이 좋다.

나. i형 고객

i형 고객은 상품 자체에 관한 설명보다 직원이 고객의 요구를 수용한다는 느낌을 주는 것이 더 중요하다. 말하는 것을 좋아하기 때문에 사교적 대화를 통해 관계 형성을 먼저 하는 것이 좋다. 디자인과 트렌드에 민감하고 충동적이고 변덕이 심하기 때문에 의사결정을 하면 신속하게 처리하는 것이 중요하다. I 형 고객에게는 연예인이나 유명 인사와 동일한 제품, 경험이라는 것을 어필하면 효과적이다.

다. S형 고객

S형 고객에게는 상호의 관계를 돈독하게 하고 친분을 쌓아 고객으로부터 신뢰를 얻고 편안함을 주는 것이 중요하다. 상품 판매 등의 직접적인 목적의 행위를 성급하게 시도하게 되면 오히려 역효과를 불러일으킬 수 있다. 새로운 제품 보다 품질이 검증된 제품을 선호하므로 제품의 안정성을 입증할 수 있는 공인된 검증기관의 자료를 제시하는 것이 효과적이다.

라. C형 고객

C형의 고객에게는 처음에 신뢰를 쌓는 것이 가장 중요하다. 친근감 표현을 위해 사적인 잡담이나 불필요한 대화를 하는 것은 지양하며 상담 시에는 서두르거나 재촉하지 말고 고객 스스로 생각하고 검토하여 결정할 수 있게 충분한 시간을 주는 것이 좋다. C형 고객은 의심이 많고 비판적이며 정확한 것을 좋아하기 때문

에 말로 설명하기보다 검증된 객관적 자료를 제시하는 것이 효과적이다. 직원들에게 요구사항이 많고 까다로울 수 있는데 인내심을 갖고 응대하는 자세가 필요하다. 초반에는 다소 인내가 필요하지만 일단 신뢰가 쌓이고 나면 충성도가 매우 높은 유형이 바로 C형 고객이다.

[그림 3-8] 고객

3. 고객 일정관리 수립

1) 예약

(1) 예약의 필요성

스파 서비스를 비롯한 미용서비스는 무형성이며 생산과 소비가 분리되지 않는 비분리성이고 생산 즉시 소비되는 소멸성의 특성을 지녀 서비스의 수요는 수시로 변동된다.

스파 서비스는 무형의 인적 서비스로 생산과 소비가 동시에 일어나며 유형의 제품처럼 보관할 수 있는 기능이 없기 때문에 이를 대체하는 전략으로 예약제를 도입하였다. 이로 인해 서비스의 수요를 예측하고 공급을 원활하게 함으로써 경제적 효율성을 높일 수 있었다. 또한 고객의 입장에서는 접근성과 편의성을 높이고 사전에 대기시간 등 기타 서비스를 누릴 수 있는 권리를 갖게 되었다.

대부분의 호텔 스파에서는 예약제를 실시하고 있으나 아직까지 시간 약속 관념 부재, 타인에 대한 배려 부족 등 예약에 관한 의식 결여로 100% 정착하지는 못했다.

예약이 곧 사전 매출이며, 당일 예약 취소와 No-show(예약부도) 등은 곧 매출 손실로 이어지기 때문에 최대한 이를 예방하기 위한 제도적 마련과 노력이 필요하겠다.

(2) 예약 방법 및 절차

예약 방법은 전화예약, 방문예약, 인터넷(웹사이트 등) 예약 등이 있는데 인터넷의 발달로 컴퓨터나 모바일을 이용한 예약 시스템 개발과 그 활용이 늘고 있으나 아직까지 전화를 통한 예약이 가장 보편적이다.

예약 접수는 스파 상품 주문을 뜻하므로 예약 요청이 신속하고 편리하게 이루어질 수 있도록 해야 한다. 예약 단계에서 필요한 정보는 이용 고객의 성함, 예약자 성함과 연락처, 희망 예약일과 시간, 세부 프로그램과 그에 따른 요금, 지불조건과 방법, 지정 테라피스트, 방문여부 등이다. 이러한 정보는 고객 관리 파일에 저장되어 향후 접객 시와 마케팅 활동 등에 이용되기 때문에 정확하게 수집 될 필요가 있다.

① 예약가능여부 확인단계

예약의 첫 단계는 고객의 요청사항이 가능한지 여부를 확인하는 것이다. 희망 날짜와 시간에 예약을 받을 수 있는지, 희망 프로그램 및 코스와 지정 테라피스트 등의 배정이 가능한지 확인하고 안내하여 예약을 진행한다. 특히 예약이 불가능한 경우에도 대기 예약을 받는 등 최대한 고객의 요청을 수용하기 위해 노력해야 한다. 이러한 자세가 고객서비스의 시작으로 만족도를 높이는 동시에 스파 업장의 경영 목표를 달성하기 위한 핵심 요인이 된다.

② 예약 확정 및 전산처리

예약 가능 여부 확인 후 예약이 확정되면 스파 매장의 예약 시스템에 해당 내용을 전산 입력하게 된다. 이 때 고객 성명, 이용 희망일, 시간, 프로그램 등의 내용이 정확이 입력되었는지 주의하여야 한다.

③ 예약 변경 및 취소

예약 변경 및 취소 요청이 들어오면 예약 시스템의 내용을 확인하여 변경내용을 고객과 확인하며 변경 및 취소를 요청한 고객의 신원도 확인한다. 취소 요청인 성명, 연락처, 변경 및 취소사유 등을 정확히 해 시스템에 변경된 내용을 수정한다.

④ 예약 확인

N0-show(예약부도)를 예방하기 위해 예약일 하루 전 날 리마인드콜 혹은 리마인드메세지 등을 보내 예약 고객에게 예약이 있음을 환기시켜 준다. 이 때 방문 시 필요한 준비사항이나 주차 등 안내 사항에 대해서도 다시 확인하도록 한다.

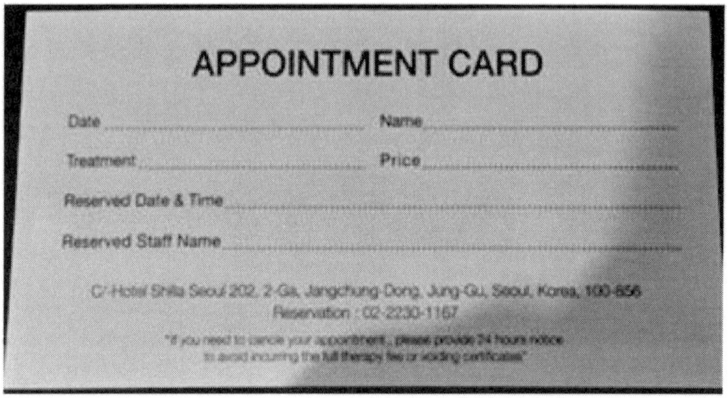

APPOINTMENT CARD

Date .... Name ....

Treatment .... Price ....

Reserved Date & Time ....

Reserved Staff Name ....

C/-Hotel Shilla Seoul 202, 2-Ga, Jangchung-Dong, Jung-Gu, Seoul, Korea, 100-856
Reservation : 02-2230-1167

"If you need to cancle your appointment., please provide 24 hours notice
to avoid incurring the full therapy fee or voiding certificates"

[그림 3-9] 예약 카드_국내 G스파

2) 프로그램 스케줄

스파를 일회성 체험으로 방문하시는 분들도 있지만 피부 상태 개선 및 유지 관리를 위해 재방문 혹은 장기간 동안 꾸준하게 이용하시는 분들도 적지 않다. 보다 전문성 있는 관리를 위해 1:1 상담을 통한 고객 맞춤형 프로그램 개발 및 패키지를 구성하여 진행할 수 있다. 주로 8회, 10회 혹은 매주 1회, 2회 등으로 정하는데 고객의 편의에 의한 요일 및 시간을 정하고 고객에게 맞는 프로그램을 개별적으로 구성하여 제안하고 협의할 수 있다.

[프로그램 스케줄 예시]

I. 8weeks package

	No	Date	Time	Service/ Product	Duration
Treatment	1회차	JAN. 3	2pm	Quick Facial	30
				Full body remedial massage	90
	2회차	JAN. 11	3pm	Anti-aging Facial	90
	3회차	JAN. 18	2pm	Quick Facial	30
				Full body remedial massage	90
	4회차	JAN. 25	3pm	Anti-aging Facial	90
	5회차	FEB. 1	2pm	Quick Facial	30
				Back and Foot Treatment	90
	6회차	FEB. 8	3pm	Anti-aging Facial	90
	7회차	FEB. 15	2pm	Quick Facial	30
				Back and Foot Treatment	90
	8회차	FEB. 22	3pm	Anti-aging Facial	90
	Service	FEB. 28	3pm	Facial Treatment Voucher	60
Product				Oil	
				Serum	
				Cream	
Value					W
PKG Price (20% Save)					W

[그림 3-10] 프로그램 스케줄

제4장. 고객 정보처리하기

1. 고객 정보 수집

1) 상담 시기에 따른 정보 수집

(1) 관리 전

이미 스파 트리트먼트 관리가 예정되어 있다면 고객의 피부상태, 문제점과 해결방안, 예방 등을 위한 정보 수집을 위한 상담이 이뤄진다.

Self-assessment questionnaire(자가 평가 설문지) 혹은 Consultation form(상담지) 등의 작성이 고객들로 하여금 스스로 작성할 수 있는 시간이 주어지며, 이후 작성된 설문지를 토대로 담당 테라피스트와 예정된 관리 프로그램에 관한 보다 구체적인 상담이 가능해진다. 혹은 이 때 고객에게 더욱 적합한 프로그램 등 추천으로 예약 프로그램이 변경되거나 관리 내용이 달라질 수도 있다.

이 외 사전 관리 예약이 있거나 Walk-in(예약 없이 방문) 예약 고객 외에도 단순 상담을 위한 고객 방문도 있다. 이 경우 상담 목적 및 내용은 주로 예약 및 고객이 되기 위한 사전 탐사와 스파 시설, 프로그램, 가격 등에 관한 문의다. 상담이 성공적으로 이뤄진다면 즉시 예약 혹은 결제가 이뤄지기도 하고 잠정적 가망고객이 될 수 있다.

또한 본인의 관리를 위한 상담 뿐 아니라 호텔스파의 경우, 지인 선물, VIP 접대, 부모님 · 가족을 위한 예약 상담도 이뤄진다.

[그림 4-1] 체크인

[관리 전 고객 상담을 위한 준비}

- 고객 맞이/안내부터 서비스의 시작임을 명심할 것.
- 고객의 이름을 부르면서 즐거운 얼굴로 고객을 접대한다.
  또한, 고객과는 자신감 있게 대화한다.
- 고객 모두에게 앉을 자리를 제공한다.
- 기다리는 동안 다양한 음료 제공한다.
- 새로 온 고객에겐 이용할 수 있는 편의 시설을 알려주고 예약이 밀려있다면 사전에 양해를 구한다.
- 고객 상담에 필요한 자료 등을 준비한다.

상담을 위한 준비가 되었다면 본격적으로 고객의 실제 관심사, 걱정, 근심거리와 테라피스트에게 도움을 구하게 된 이유를 찾는다.

상담 시 가급적 고객은 문을 향하도록 앉으며 상담자는 고객을 향해 앉도록 한다. 고객과 같은 눈높이로 맞추되 기대서 앉거나 하지 않는다. 이 단계에서 고객의 바디랭귀지를 흉내 낸다. 만약 고객이 다리를 꼬고 있으면 나도 꼬는 식의. 사람들은 본인들과 비슷한 사람들에게 친밀감을 더 느껴 좋아한다.

관리 전 고객 상담을 위한 5~8분은 어떻게 해서든 마련해야 하는데, 이것은 우리가 가능한 한 고객에 대해 많이 정보를 취할 수 있는 기회이다. "왜?"냐고 질문해라. "왜 고객님은 이 관리를 받습니까?", "왜 고객님은 통증, 이 부위의 붉은 홍반 현상, 붓기 등으로 고생한다고 생각합니까?" 고객들이 이렇게 방문한 계기의 근본 원인을 알 필요가 있다. 또한 고객에 관해 더 많은 정보를 갖기 위한 최고의 방법은 상담카드이다.

[고려해야 할 3가지 주요 공략점]

- ◆ 직업
- ◆ 스트레스
- ◆ 오늘 방문에 있어 가장 큰 목적?

대부분의 고객들은 전체 양식을 채우려 하지 않는다. 많은 고객들은 귀찮아하고 이것이 불필요 하다고 단정 지어 버린다. 만약 우리도 이것을 회피한다면 우리는 최소한의 의무를 저 버리는 것이다.

몇 가지 필수적인 요소 중 가장 먼저 직업을 알아보자.

직업

만약 고객이 직업란을 채우지 않는다면 고객의 컨디션과 라이프스타일을 고려한 맞춤식 관리를 디자인하기 위해 필요한 최소한의 정보이자 중요한 항목이라고 언급하거나 우회적으로 질문할 수 있다. 직업 정보를 알아야만 하는 이유가 고객의 연봉을 어림잡으려는 게 아니라 직업을 통한 하루 일과가 그들의 인체 생리에 관한 많은 것을 말해 주기 때문이다. 이렇게 질문해보자. "매일 차에서 지내는 시간이 많습니까?", "장시간 서서 일합니까?", "책상에 앉아 일합니까?", "힐을 신고 일합니까? 슬리퍼? 기내에서? 공항에서?" 이러한 종류의 질문들은 우리가 고객의 주간 라이프에 대한 심적 관점을 가질 수 있게 돕는다. 그런 다음 생활의 특정 양상에서 가지고 있는 몇 몇 문제점을 발전시킬 수 있으며, 이를 토대로 고객에게 보다 적합한 관리 프로그램을 디자인하거나 이행할 수 있다. 물론 해당 고객에 관한 개별적인 질문들을 더 해야 한다. 그 통증이 어떻게 발생된 것인지, 왜 이 같은 현상이 일어나는지 알려주기 위해 우리가 가진 지식들을 활용한다.

스트레스

스트레스는 세기적 질병으로 현대사회에서 전 세계적으로 가장 심각한 질병으로 대두된다. 물론 스트레스에도 긍정적인 스트레스와 부정적인 스트레스가 있다. 통제할 수 있고 선택할 수 있는 스트레스는 오히려 생활이 활력을 더해 생산적이고 긍정적이라 할 수 있으나 반면, 통제가 불가능하고 선택의 여지가 없으며 만성적이고 혹은 자각조차 할 수 없는 스트레스는 부정적 영향을 끼친다. 이러한 부정적 스트레스는 인체 성능과 건강에 영향을 주며 현대인에게 만병의 근원으로 여겨진다. 신체 건강에 영향을 끼칠 뿐만 아니라 심리적 · 정서적인 부분과 행동방식에도 영향을 끼친다.

우리가 스트레스를 받게 되면 스트레스에 반응하는 많은 화학 물질들이 분비된다. 긴장이 고조된 상황에 있다고 생각해 보면, 어떤 일들이 시작될까? 아드레날린이 분비가 된다. 지나친 아드레날린은 부신을 태워 두통을 일으킨다. 또 다른 화학물질은 코티솔인데, 우리 몸에서 회복을 관장하는 화학물질이지만 몸의 넓은 부위에 해를 입힐 수 있다. 통증과 관련한 테라피스트의 목적은 문제의 근본 원인을 알아내는 것이다. 관련된 작용인지, 혹은 진행 중인 또 다른 것이 있는지?

테라피스트로서 더 많은 정보를 가지고 있을수록 보다 적절한 관리를 디자인 해 줄 수 있으며 더 진심 어린 마음으로 임하게 된다. 이를 잘하고 있는 사람들은 훨씬 더 멀리 내다 볼 줄 아는 사람들이고, 효과적인 관리와 최고의 서비스를 수행한다.

[스트레스가 개인에게 미치는 영향]

- 생리적 영향 : back problem, 궤양, 두통 등
- 심리적 영향 : 근심, 불만족, 수면장애 등
- 행동 영향 : 공격성, 실수, 집착 등

[만성적 스트레스의 도미노 효과]

- 두통, 불안, 짜증, 행동 이상
- 이갈기, 턱의 긴장
- 고혈압, 발작, 당뇨 등
- 소화불량
- 체중 증가, 비만
- 성적 충동
- 불면증, 감정조절 장애, 면역계 장애, 피로, 우울증, 천식
- 근육 긴장, 통증, 섬유근육통

이렇듯 자신이 감당할 수 없는 부정적, 만성적 스트레스가 미치는 영향은 실로 방대하다. 신체적 고통, 정서적 불안감 등 고객의 현재 상태는 근본적으로 스트레스에서 비롯되었을 확률이 높다. 반대로 스트레스로 힘들어 하는 경우 고객이 모르는 징후, 영향을 찾아내어 그 부분을 관리 및 예방 할 수 있다.

이 때 질문을 통하여 스트레스 여부와 정도를 파악한다. 스트레스 지수를 1이 가장 낮은 것이고 10이 가장 높다고 할 때 현재 어느 정도 지수에 해당되는지 구체적으로 물어 볼 필요가 있다.

방문 목적

3번째 포인트는 '오늘 방문에 있어 가장 큰 목적?'이다. 이것이 고객이 방문하는 실제 이유를 말 해주기 때문에 필수적인 요소인데 사람들 특성에 따라 말로 하는 것 보다 써 내려가는 것을 더 편하게 느껴질 수 있다. 아마 고객들이 방문 목적으로 '릴렉세이션'(휴식)이라고 쓰면 상당수 테라피스트들은 그것을 그대로 받아들여 단순히 휴식 차원에서 방문했으며 통증 등 별다른 특이사항이 없을 것으로 생각할 수 있다. 그러나 그렇지 않다. 만약 고객들이 진정한 릴렉스를 필요로 한다면 한 번의 트리트먼트로는 부족 할 수 있고 선택된 프로그램이 최선이 아닐 수 있기 때문에 서비스를 업그레이드하고 재 예약 할 수 있게 안내한다. 고객들을 더 많이 볼수록 그들의 진정한 목적을 알기 더 쉬워진다. 그들이 자신들의 문제점을 말하면 남은 트리트먼트 시간 동안 고객의 특정 관심 부위(불편하다고 언급한 부위)에 시간을 더 할애하도록 한다. 이 때에도 가능하면 고객이 기술하고 고객이 말했던 단어를 사용하자. 만약 방문 목적이 공란으로 남겨져 있다면 고객이 원하는 것을 어떻게 알아낼 지, 어떻게 내가 맡은 고객에게 최상의 서비스와 관리를 해 줄 수 있을지 고민해야 한다.

또한 명심할 것은 명확하고 구체적이어야 한다는 것이다. "고객님은 제가 이 부분에 관해 말씀 드리길 원하시는 지요?", "건조한 피부에 체크를 하였는데 제가 이 부분에 있어 도움을 드리면 어떠세요?" 형광펜을 가지고 고객들이 도움이 필요하다고 말했던 모든 중요한 내용에 하이라이트를 한다. 이것은 트리트먼트 후에 다시 상담 카드를 보고 관심사에 대해 직접적으로 들어가 홈케어 처방을 내릴 때 확실히 하기 위함이다. 이 부분을 놓쳐서 고객 문제의 핵심을 잊어 버렸다면 적절한 홈케어 처방을 하지 못 할 것이다. 항상 구체화시키고, 항상 상담카드를 가지고 활용할 수 있도록 한다.

"고객을 궁금해 하고 고객에게 질문하라!!"

[관리 전 고객에게 하면 좋은 질문]

1. 방문 목적!

- 금일 방문에서 얻고자 하는 게 무엇 인가요?
- 금일 어떤 부분이 최우선적으로 고려되었으면 하시나요?

2. 스트레스 지수!!

- 평소 스트레스는 많이 받는 편인가요?
- 그렇다면, 스트레스 지수가 1부터 10까지라고 가정했을 때 어느 정도에 해당되나요?

3. 직업/라이프 스타일

- 어떤 일을 가장 반복적으로 혹은 장시간 하시나요?
  예)컴퓨터 작업, 서서 하는 일 등
- 자주 하는 취미 활동은?
- 수면 패턴은?
- 흡연, 음주량은?

(2) 관리 중

상담을 통해 프로그램이 결정되면 고객의 Concerns(걱정 · 관심사)에 맞추어 정성스런 관리가 진행이 되는데 이때에도 시진, 촉진, 문진 등을 통해 보다 정확하고 구체적인 정보를 수집할 수 있다. 주로 고객의 피부 유형 및 상태, 문제점 등을 확인하여 관리 후 홈케어 어드바이스 및 추후 관리 일정을 위한 정보의 토대가 된다.

얼굴 관리 시에는 클렌징 후, 확대경이나 우드램프 등을 통해 피부를 보다 면밀히 관찰하는데 피부 결, 모공 상태, 홍반, 모세혈관, 여드름, 색소침착, 피부 탄력 등 전반적인 피부 상태를 눈으로 보고 손의 촉감으로 만지거나 누르는 등 시진, 촉진을 한다. 확대경 등을 통한 피부 분석 시에는 고객의 눈을 젖은 아이패드로 가려 불편함이 없도록 하고 피부 분석 후 관리차트에 분석 내용을 기록하고 고객에게도 구체적으로 설명드린다.

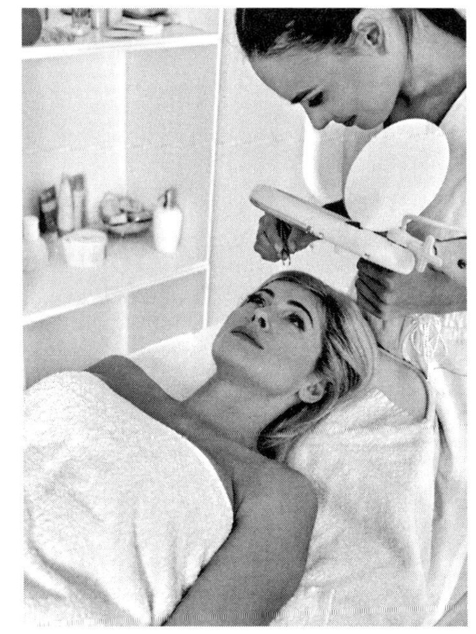

[그림 4-2] 피부 분석

(3) 관리 후

관리 후 상담은 고객 방문의 대미를 장식할 수 있는 시간이다. 관리 전 상담과 관리 이행을 통해 수집한 정보를 통해 관리 후에는 더욱 구체적이고 포괄적이며 사실적인 상담이 가능하기 때문이다. 고객의 피부타입과 상태, 개선해야 할 사항 등 고객과의 접촉을 통해 효과적인 피드백을 할 수 있다.

사전 상담을 통해 고객의 Needs와 Wants에 입각해 관리를 이행하였다면, 테라피스트가 직접 보고 느끼고 판단한 부분에 대한 피드백을 제공하고 예방 및 개선할 사항과 그 방법에 대해서도 공유할 수 있다.

관리 효과 지속과 문제점 개선을 위해 홈케어 처방을 라이프스타일, 화장품 daily routine 등을 포함해 할 수 있으며 이를 위해 리테일 판매와 재예약을 유도할 수도 있다.

"파워풀한 상담이 파워풀한 예약을 낳는다."

[관리 후 상담]

· 고객의 관리 만족도 확인
· 관리 피드백(관리 내용, 피부, 바디 상태 등)
· 불편한 점 및 개선할 점
· 추후 프로그램
· 홈케어 처방
· 재예약
· 리테일(소매제품) 세일즈

[관리 후 중요한 포인트 2R]

· Re-booking(재 예약)
· Retailing(홈케어 처방)

관리 후 고객에게 차 등의 음료를 제공하고 트리트먼트 후의 느낌이 어떤지 묻는다. 트리트먼트가 확연히 도움을 준 부분을 설명하고 향상됐다고 느끼는 부분을 언급하며 당일 관리에 대한 피드백을 하고 난 뒤 테라피스트가 제안해야 할 첫 번째는 다음 트리트먼트이다.(재 예약)

재 예약이 성사되건 되지 않건 그 다음 단계는 홈케어 처방이다. 고객 스스로가 할 수 있는 스트레칭, 운동, 물 섭취 등 고객의 라이프 스타일을 충분히 고려한 처방을 하는데 이 때 화장품 등의 제품도 처방할 수 있다. 고객에게 상품을 팔기 위한 목적이 아닌 고객의 현재 상태 및 문제점을 개선하기 위한 일종의 노력임을 잊지 말아야겠다.

[예시]

Re-booking

"고객님, 이 관리는 고객님 몸 상태에 정확히 필요한 것이었어요, 그런데 상당 기간 그 상태가 지속 되었던 터라 오늘 한 번의 관리로는 충분치 않았습니다. 괜찮으시다면 흐름을 끊지 않고 고객님을 계속해서 도울 수 있게 며칠 후에 다시 방문 해 주셨으면 합니다. 괜찮으세요?"

Retail

"이제 정말 필요한 것은 매일 매일 고객님 스스로 몸을 돌보시는 걸 시작하셔야 합니다. 가장 먼저 하셔야 할 것이 묶은 각질을 제거해서 모공을 열어 주기 위한 익스폴리에이션입니다." 제안하는 xx익스폴리에이션을 들어 보여주며 그 제품의 이름과 가격을 자연스럽게 볼 수 있게 한다. 또한 어떻게 사용하면 되는지 직접 시연하며 설명해 준다. 이런 식으로 홈케어로 추천 드릴 각 각의 제품들을 설명한다.

[그림 4-3] 관리 후 상담

2) 상담 내용에 따른 정보 수집

(1) 고객 제공의 기본 정보

우리 업장 고객으로서의 고객이 제공한 기본 정보로 고객의 성함, 연령대, 성별, 거주지, 방문 경로 및 방문 목적 등이 이에 해당되며, 업장에서는 위 정보들을 고객 동의하에 마케팅 목적으로 활용하기 위해 정보를 수집한다.

(2) 프로그램 상담

고객의 피부문제 개선 및 예방을 위한 정보로 고객이 앞서 경험한 프로그램, 브랜드, 제품 등과 고객의 관심 프로그램, 그리고 고객에게 적합하다고 판단되는 추천 프로그램 등 프로그램 전반에 대한 정보를 수집할 수 있다.

(3) 불만 상담

업장을 방문하여 이용하는 데 있어 전반적인 불편사항 및 개선사항, 불만족 사항 등을 수집하여 고객 응대 매뉴얼을 구축하고 고객 만족도를 높이기 위한 방안으로 활용할 수 있다.

2. 수집된 고객 정보 분류

1) 컨설테이션

[표 4-1] 컨설테이션 출처 : 국내 G스파

Welcome

자가진단서 작성을 위하여 시간을 할애해 주셔서 감사합니다.
본 자가진단서의 결과는 고객님께 가장 필요한 트리트먼트를 제공하고 최상의 결과를 드리기 위하여 사용됩니다.
트리트먼트가 최상의 효과를 가져올 수 있도록 솔직한 답변을 해 주시면 테라피스트가 정성을 다하여 고객님께 맞춤 서비스를 제공해 드릴 것 입니다.

Name |
Date of birth |
Address |
Telephone |
E-mail |

Contraindications

현재 고객님의 신체 상태에 따라 특정 스파테라피를 받기에 적합하지 않을 수도 있습니다.
페이셜, 바디관리를 받기 전 테라피스트가 고객님의 정확한 현재 상태를 알 수 있도록 병으로 의심되는 상황이거나 아래의 사항 중 해당되는 부분이 있으시면 반드시 테라피스트에게 말씀 해 주십시오.

□ 뼈/ 근육손상, 관절염
□ 삠/ 관절통
□ 근육/ 관절통
□ 두통/ 머리부상
□ 턱관절장애
□ 스트레스/ 피로누적/ 불면증
□ 임신
□ 알러지/ 민감성
□ 발진/ 무좀
□ 소화장애
□ 심장/ 폐 이상
□ 고혈압/ 저혈압
□ 갑상선 이상
□ 폐쇄공포증
□ 기타 증상들:

고객님의 상태에 변화가 있을 시 방문 때 마다 이를 테라피스트에게 알려주십시오.

Diagnosis

오늘 피부상태가 어떻습니까?

□ 지성 □ 중성 □ 다소 건성 □ 매우 건성

주된 피부고민은 무엇입니까? (해당되는 사항을 모두 체크해주십시오.)

□ 주름
□ 탄력과 피부톤
□ 지나친 건조함
□ 칙칙한 안색
□ 민감성 또는 홍조
□ 색소침착
□ 피부트러블

고객님의 평소 스킨케어 습관은 어떻습니까?

- ㅁ 아침 저녁 구분 없이 사용할 수 있는 한 두 가지의 제품사용
- ㅁ 피부고민을 해결하기 위한 제품을 상황에 따라 다양하게 사용

현재 어떤 브랜드의 제품을 사용하고 계십니까?

얼마나 주기적으로 전문 페이셜트리트먼트를 받고 계십니까?

ㅁ 전혀 받지 않는다 ㅁ 1년에 한번 ㅁ 3~6개월에 한번 ㅁ 4주에 한번

흡연을 하십니까?

ㅁ 예 ㅁ 아니오

하루에 드시는 물의 양은 얼마입니까?

ㅁ 1리터미만 ㅁ 1~1.5리터 ㅁ 1.5리터이상

다음 중 어떤 상황에 가장 자주 노출되십니까 ?

- ㅁ 햇빛을 많이 받는 야외활동
- ㅁ 매우 춥거나 매우 습한 환경
- ㅁ 오염된 공기
- ㅁ 온도변화가 심한 장소
- ㅁ 에어컨이 틀어져 있는 실내생활
- ㅁ 컴퓨터 앞

다음 중 규칙적으로 경험하는 것은 무엇입니까?(해당되는 사항을 모두 체크해 주십시오.)

- ㅁ 운동
- ㅁ 피로
- ㅁ 다이어트
- ㅁ 여행 혹은 출장
- ㅁ 불면증
- ㅁ 자외선노출
- ㅁ 스트레스

고객님의 바디피부 상태 중 가장 고민되는 부분은 무엇입니까?

- ㅁ 탄력과 피부톤
- ㅁ 부종
- ㅁ 지나친 건조함
- ㅁ 비만
- ㅁ 셀룰라이트

고객님의 현재 바디상태는 어떻습니까?

ㅁ 통증 ㅁ 관절과 근육 뭉침 ㅁ 저리고 욱신거림

운동, 업무 혹은 운전과 같은 일상적인 활동을 한 후 다음 중 어느 부분이 가장 불편하십니까?

ㅁ 등과 목 ㅁ 발 ㅁ 팔 ㅁ 다리 ㅁ 복부

Additional notes

Spa Disclaimer

본인은 제공되는 서비스나 트리트먼트 뿐만 아니라 본인의 신체적 상태에 대해 충분히 인지하고, 본인의 신체적 상태로 인해 발생할 수 있는 위험을 감수하는데 동의합니다. 또한 본인은 본인의 결정에 따라 해당 서비스나 트리트먼트를 받는 것임을 인정합니다. 이로써 본인은 제공받은 해당 서비스나 트리트먼트의 서비스 제공자, 직원, 계약자의 부주의를 포함한 호텔 테라피스트에게서 제공받은 테라피 서비스로 인한 어떠한 손해 배상 청구나 요구 권리를 포기하는데 동의합니다.

Signature **Date**

2) 고객관리챠트

[표 4-2] 고객관리챠트

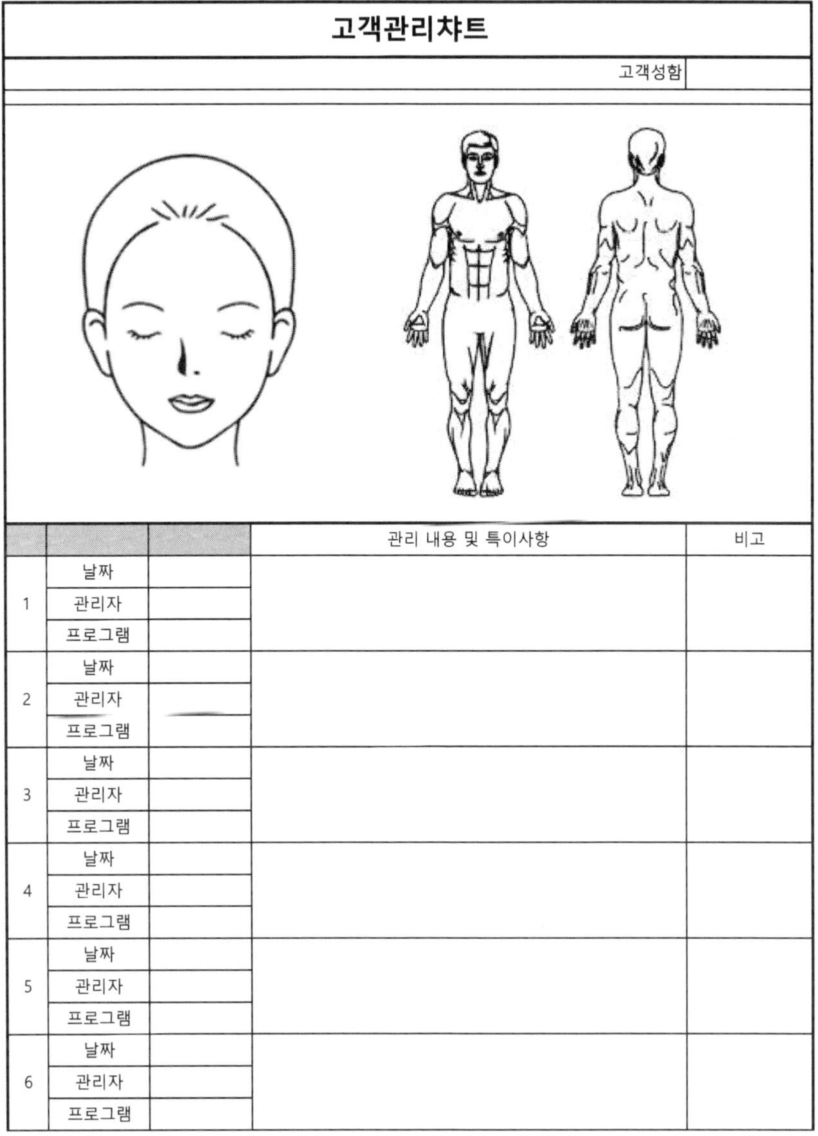

고객관리챠트

			고객성함	
			관리 내용 및 특이사항	비고
1	날짜			
	관리자			
	프로그램			
2	날짜			
	관리자			
	프로그램			
3	날짜			
	관리자			
	프로그램			
4	날짜			
	관리자			
	프로그램			
5	날짜			
	관리자			
	프로그램			
6	날짜			
	관리자			
	프로그램			

3) 고객만족카드(코멘트 카드)

[표 4-3] 고객만족카드

서비스 Check List

		매우 만족	만족	보통	불만족	매우 불만족
1	매장 입장 시 환대와 안내가 원활히 이루어졌습니까?					
2	스파 정보에 대한 사전 안내가 있었습니까?					
3	스파 시설, 분위기 등 전반적인 환경이 만족스러웠습니까?					
4	스파 라운지, 관리 룸 등의 위생상태는 만족스러웠습니까?					
5	관리 프로그램이 만족스러웠습니까?					
6	관리 전 프로그램 진행에 대한 사전 설명을 들었습니까?					
7	테라피스트의 테크닉은 만족스러웠습니까?					
8	관리 후 홈케어 제안 및 조언이 만족스러웠습니까?					
9	다른 분에게 추천 및 다시 방문할 용의가 있습니까?					

고객의 소리

고객님의 소중한 의견은 더 나은 스파를 만들기 위해 활용됩니다.

3. 고객정보 활용

1) 고객 정보 활용 목적

고객정보 수집의 기능은 전문가로서 고객에게 서비스를 제공하는 과정에서 수집된 내용과 근거를 바탕으로 전문적 의사결정을 하기 위함이다. 고객정보 수집은 고객의 기본적 인적사항부터 라이프스타일, 방문동기 및 목적을 확인하고 고객의 피부 유형과 상태를 분석하여 관리목적을 수립하고 프로그램을 설계하며 세부 과정과 제품, 예상 효과, 관리 시 피부 반응과 변화 상태 파악까지 매 단계마다 시행되어야 하는 중요한 부분이다. 고객 정보 활용 목적은 고객에게 적합한 서비스를 원활하게 전달하고 테라피스트의 업무 효율성을 높이는데 있으며 고객 정보는 지속적, 체계적으로 관리되어야 한다.

2) 고객 정보 처리 활용

(1) 관리 History

고객의 첫 방문부터 현재까지 매 관리 시 제공된 서비스와 관리 과정 등의 세부사항과 특이사항, 개선 효과 등을 기록하여 실제 서비스 시행 여부 및 문제점, 효과 파악 시 활용할 수 있다.

(2) 서비스 연속성

첫 방문 고객과 재방문 고객을 구분하고, 동명이인 등을 구별하여 반복적인 정보 수집 없이 이전 관리 경험에 이어 연속적으로 서비스를 제공할 수 있다.

(3) 자체 평가

프로그램 실행 및 세부 관리 내용을 토대로 테라피스트의 역량을 파악하고 자체 서비스 질을 평가 할 수 있다.

(4) 고객 만족도 향상

고객에 대해 수집된 정보와 서비스 과정에서 얻은 정보를 통해 담당 테라피스트 본인 뿐 아니라 팀 내 동료들과 공유하여 향후 제공될 서비스를 체계적이고 원활하게 계획 및 실행할 수 있으며 나아가 서비스 질을 업그레이드시킴으로써 고객 만족도 향상을 기대할 수 있다.

(5) 서비스 표준화

서비스를 매뉴얼화하고 스파 내 서비스를 제공하는 테라피스트들의 역량을 상향평준화하여 서비스의 표준화를 실천한다.

(6) 마케팅 활용

기 수집된 정보를 통해 고객의 생일 및 기념일 등 특별한 이벤트 실시 및 해피콜 서비스, DM 발송, 프로모션 등으로 적극적 고객 관계 관리와 홍보, 마케팅 목적으로 활용할 수 있다.

30%
DISCOUNT
SPA FULL PACKAGE
WELLNESS
GIFT VOUCHER
WELLNESS
GIFT VOUCHER
10%
DISCOUNT
SPA FULL PACKAGE

[그림 4-4] 프로모션

제5장. 채용과 직원관리

1. 채용

1) 채용의 의미

잦은 이직률과 구인난으로 채용에 있어 총체적 난관에 처한 뷰티업계는 이러한 문제점을 해결하기 위해 임금인상, 교육 지원 및 복리후생 개선 등 다양한 방법들을 모색하고 있다. 그럼에도 가장 중요시 되는 부분은 우리 업장의 문화와 상황에 적합한 인재를 고용하는 것이다. 뷰티업계, 특히 럭셔리 호텔 스파에서 직원이 곧 서비스 품질 대상이며 매출 동력으로 채용의 성패가 바로 고객 만족과 경영의 성패를 결정짓는 중요한 핵심요소이다.

2) 채용 기준과 구비서류

(1) 신규 채용 기준

① 2년 및 4년제 뷰티(피부미용) 계열학과 졸업 및 졸업 예정자

② 미용사(피부) 국가 자격증 소지자

③ NCS 교육을 이수한 자

(2) 경력 채용 기준

① 미용사(피부) 국가 자격증 소지자로서 관련 업종에 1년 이상 경력을 인정할 수 있는 자(경력증명서, 4대 보험 납입 증명서 제출)

② 미용사(피부) 자격증 소지자로서 피부미용 샵을 경영한 경험이 있는 자

③ NCS 교육을 이수한 후 1년 이상 재직한 자

(3) 채용에 필요한 구비 서류

① 입사지원서 혹은 이력서

② 자기 소개서

③ 피부 미용 학과 졸업(예정)장 및 학위 증명서

④ 미용사(피부) 면허증, 미용사(피부) 국가 자격증 사본

⑤ 경력 증명서(경력자의 경우)

⑥ 주민등록등본

3) 채용 절차

(1) 계획 및 준비

채용 직무, 신입 혹은 경력직 등의 채용 범위를 정하고 채용 시기와 기간 등을 고려하여 계획한다.

(2) 채용공고

채용 정보 사이트나 자체 홈페이지 채용게시판 등을 활용해 채용 공고를 올린다.

(3) 채용심사

채용 심사는 보통 1차 서류 전형, 2차 면접, 3차 실기 테스트 등으로 진행되며, 추가로 인 · 적성 검사 또한 시행될 수 있다.

① **1차-서류 전형**(지원서 및 자기소개서)

지원자 본인의 자질, 자격, 직무 적합성 등을 드러내고 '나' 라는 사람을 소개하는 서면 자료로 지원서에 지원자의 기본적 인적사항을 비롯해 학력, 관련 업무 경험 및 경력사항, 자격 및 수상 내역 등의 정보를 기입한다.

자기소개서는 보다 효율적으로 본인을 소개하기 위한 자료로서 좌우명, 지원 동기, 포부 등을 기술하는데 틀에 박힌 내용보다는 보다 진솔하고 참신하게 자신을 어필할 필요가 있다.

서류 전형은 입사를 위한 첫 관문이자 지원자에 대한 첫 인상인 만큼 허위 사실 혹은 맞춤법 등의 실수 없이 정성되고 솔직하게 작성할 것을 강조한다.

② 2차-면접

면접은 지원자의 개인적 성향 및 특성과 지원자가 가지고 있는 자질, 역량 등을 파악하기 위해 실시한다. 면접은 1회 면접 혹은 1차, 2차 면접으로 실시 횟수는 기업체 마다 달리 적용될 수 있다.

면접은 면접관의 주관적인 판단에 의해 당락이 결정되는 문제점이 야기될 수 있지만 호텔 스파 채용 담당자나 뷰티업계 실무책임자는 타 업종에 비해 면접의 중요성이 훨씬 더 부각된다고 한다. 서비스의 중요성이 증대되는데다 고객접점 서비스의 중심에 있는 직종으로 지원자의 인성, 태도 외에 다양한 정보를 얻을 수 있을 수 있는 기회이기 때문이다.

[그림 5-1] 면접

③ 3차-실기 테스트

테스트는 신입 직원의 기본기 점검 및 경력 직원의 직무 수행 능력 평가와 이를 통한 보직 결정 등을 위해 실시된다. 주로 실기테크닉테스트가 실행되나 각

기업의 채용 절차나 업무적 특성에 따라 이론테스트와 실기테스트를 동시에 진행해 지원자의 능력을 다각도로 측정하기도 한다.

④ **기타-적성검사와 인성검사**

적성검사와 인성검사를 실시하여 서비스 업종의 고유한 특성과 기업 문화 등을 고려하고 조직생활의 적합성 여부를 판단한다.

(4) 채용확정 및 통보

공정한 평가를 통해 합격자가 결정이 되거나 채용이 확정되면 전화나 온라인 서비스를 통해 합격 여부를 통보한다. 또한 근무 시작일, 준비사항 등을 별도 공지한다.

이 때 중복 지원 등에 따른 입사 포기를 하는 지원자들이 발생되기도 하는데 이에 대비해 예비 합격자를 두거나 추가 채용을 결정하기도 한다.

[면접 평가표 예시]

[표 5-1] 면접평가표

면접평가표				
면접일시			면접자	
지원분야			지원자	
1	태도/자세	단정한 복장, 바른 자세, 말씨, 표정		
		매너, 배려심		
		20(　　　)		
2	직업관	직장인으로서의 올바른 태도		
		이직 배경		
		15(　　　)		
3	직무능력	직무 관련 수행 능력		
		서비스 마인드, 실기 테크닉		
		15(　　　)		
4	신뢰성	이력서 및 자기소개서 내용과의 사실 일치 여부		
		시간 관념 및 언행일치		
		10(　　　)		
5	조직적응력	융화력, 조직 내 이해 조정 및 수용할 수 있는 자세		
		공동 작업에 관한 협동성		
		10(　　　)		
6	적극성	자발적인 태도		
		자기계발 의욕 정도		
		10(　　　)		
7	논리적 사고	논리 정연한 설명 및 일관성 있는 답변		
		주관적/감정적 요소 배제한 타당한 논거 바탕으로 의견 제시		
		10(　　　)		
8	자기관리	건강관리		
		취미, 특기 등		
		10(　　　)		
총점 100점		평가점수합계(　　　　　　)		
평가자 총평				

- 채용 및 근무 시 필요 서식 -

[근로계약서 예시]

[표 5-2] 근로계약서

근 로 계 약 서 (정규직)

㈜OOOOO (이하"갑"이라 한다)와_______(이하"을)은/는 다음과 같이 근로계약(이하 "본 계약"이란 한다)을 체결하고, 이를성실히 준수할 것을서명날인 합니다.

제1조(계약의 목적 및 기간)

① 본 계약은 "갑"과 "을"사이에 근로계약을 체결하고 이에 따른 구체적인 사항을 정하여 준수함을 목적으로 한다.

② "갑"은 "을"에게 정규적으로 근로계약기간의 정함이 없이 취업규칙의 정년이 적용한다.

③ 본 계약에서 정하지 아니한 사항은 취업규칙에 따른다.

제2조(수습기간)

① 최초 입사일로부터 3 개월간은 수습기간으로 한다.

② 수습기간은 "을"의 업무능력, 적응력 등을 평가하는 기간이며, 결과에 따라 "갑"은 본 채용을 거부할 수 있다.

제3조(소정근로시간 및 휴게)

① 월 기준 소정근로시간은 226시간(1일 8시간9:00~18:00, 1주 40시간 월~금요일)으로 한다.

② 업무상 필요에 따라 회사는 연장 및 야간근로를 요청할 수 있으며, "을"은 이에 동의한다.

③ "갑"은 필요하다고 인정하는 경우 제1항의 근무시간을 변경할 수 있다.

제4조(근무부서 및 업무의 내용)

① "을"은 "갑"이 지정한 근무 장소에서 부여한 업무를 행해야 한다.

② "을"의 직책은 이며, 업무는 (으)로 한다.

③ "을의 근무장소는 으로 한다.

④ "을"은 결정된 근무부서 및 업무를 성실히 수행해야 한다.

⑤ "갑"은 필요하다고 인정할 경우에는 근무장소 또는 업무를 변경할 수 있다.

제5조(휴일 및 휴가)

① 토요일(4시간), 일요일(8시간)은 유급휴일로 한다.

② 계속근로연수 1년간 8할 이상 출근하는 경우 취업규칙에 따라 연차유급휴가를 부여한다.

제6조(연봉금액 및 포괄임금산정제)

① "갑"이 "을"에게 지급하는 임금 및 수당은 양자가 정한 연봉계약, 취업규칙 및 급여관련 규정에 따른다.

② 연봉에 관한 구체적인 사항은 별지 연봉계약서에 의한다.

제 7조(임금의 지급방법)

① 연봉은 회사규정에 따라 지급함을 원칙으로 한다.

② 월급은 당월 초일에서 말일까지 근로한 것을 익월 일에 지급하되, 지급 당일이 휴일일 경우에는 그 후일로 한다.

③ 중도 입사자 및 퇴사자의 경우 해당 월의 근무일수에 따라 일할 계산하여 지급한다.

제8조(퇴직금)

① "갑"은 "을"이 1년 이상 근속하고 퇴직한 경우, 근속연수 1년당 평균임금 30일분의 퇴직금을 지급한다.

② 법정사유(6개월 이상 요양 및 천재지변 등) 이외에는 기왕의 근로기간에 대하여 퇴직금중간정산을 허용하지 아니한다.

③ 법정 사유에 해당되어 퇴직금 중간정산을 하는 경우 중간 정산일부터 퇴직일까지 별도 정산한다.

제9조(기밀유지)

본 계약서의 내용은 타인에게 누설하지 않으며, 누설로 인한 문제에 대해 "갑"이 행하는 "을"에 대한 조치에 이의를 제기하지 않는다.

제10조(계약내용의 변경)

① 연봉제 적용대상자의 동의는 본 계약서의 승인으로 대신한다.

② "갑"은 계약기간 중 경제여건 또는 경영상황의 급격한 변화로 본 계약의 이행이 곤란한 경우에는 "을"의 동의를 얻어 연봉액을 포함한 계약내용을 변경할 수 있다.

제11조(기타의 근로조건)

기타 본 계약에서 정하지 않은 사항은 관계 법령 및 취업규칙 등 제반 규정에 따른다.

년 월 일

"갑" 주 소 :
상 호 :
대 표 이 사 : (인)

"을" 주 소 :
성 명 : (인)
주민등록번호 :

[연봉계약서 예시]

[표 5-3] 연봉계약서

연 봉 계 약 서

주식회사_______(이하 "갑"이라 한다.)와_______(이하 "을"이라 한다.)는 다음와 같이 연봉계약을 체결하고 상호 성실히 이행할 것을 약정한다.

제1조 (근로계약기간)

"을"은 "갑"을 위하여 20 년 월 일부터 퇴사일 까지 근로를 제공하고, "갑"은 근로의 대가로 제 2조에서 정한 연봉을 지급한다.

제2조 (연봉계약기간 및 연봉)

① "갑"과 "을"의 연봉계약기간은 20 년 1월 1일부터 20 년 12월 31일까지로 한다.

② "갑" 은 "을"의 근로에 대한 대가로 본 연봉계약 기간 동안 일금___________원 (이하 "연봉" 이라 한다) 을 지급한다.

③ "갑"은 전항의 "연봉"에서 상여금을 제외한 금액을 12등분하여 12개월 동안 매월 5일에 각 1/12 씩을 현금으로 지급하며, 후급으로 한다.

④ 제3항의 연봉에는 야간 및 휴일근로 등 시간외 수당, 연차수당. 식대 등 일체의 수당을 포함한다.

제3조 (임금지급일)

매월 1일부터 기산하여 당원 말일 마감하여 익월___일 지급한다.

제4조 (수습기간)

입사일로부터 월 일까지 수습기간을 적용하며, 수습기간동안 급여의____%를 지급한다.

제5조 (근로시간 및 휴게시간)

① 근로시간은 1일 8시간, 주 40시간으로 한다. 다만, 파견근무의 경우 파견근무지의 규정에 따른다.

② 시업시간은 09:00시, 종업시간은 18:00시로 한다.

③ 휴게시간은 12:00시부터 13:00시까지 1시간으로 한다.
④ 제 3항의 당사자 “갑”과 “을”의 합의에 따라 법정한도 내에서 연장근로할 수 있다.

제6조 (직종, 전직)
① "을"이 종사할 직종은____________이다.
② "갑"은 경영상의 필요, 업무수행능력, 적격성 등 제반 사정을 고려하여 "을"로 하여금 전항의 업무 이외의 업무를 담당하게 할 수 있다.

제7조 (비밀유지의무)
① "을"이 업무와 관련하여 취득한 사항은 본 계약기간 중은 물론 본 계약 종료 후 에도 제3자에게 누설하여서는 아니 된다.
② "을"은 "갑"과 본 계약을 체결한 전후를 불문하고 "갑"과의 사이에서 합의된 연봉 및 근로조건 일체를 누구에게든지 어떤 명목으로든지 공개하여서는 아니 된다.

20　　년　　월　　일

(사업주) 사업체명 :　　　　　　(전화 :　　　　　　)
주　　소 :
대 표 자 :　　　　　　(인)

(근로자) 주　　소 :
연 락 처 :
성　　명 :　　　　　　(인)

[취업규칙 예시]

[표 5-4] 취업규칙 1

조 문 순 서

[표 5-5] 취업규칙 2

취업규칙(안)	작성시 착안사항
제1장 총 칙	◈ 총칙은 필수적 기재사항은 아니지만 취업규칙의 체계상 총칙 규정을 두는 것이 일반적임
제1조(목적) 이 규칙은 ○○주식회사(이하 "회사"라 한다) 사원의 채용·복무 및 근로조건 등에 관한 사항을 정함을 목적으로 한다.	**[선택]** 취업규칙을 정하는 목적을 규정함
제2조(적용범위) ① 이 규칙은 회사의 사업장에 근무하는 사원에게 적용한다. ② 사원의 복무 및 근로조건에 관하여 법령, 단체협약, 그 밖에 회사규정에 별도로 정함이 있는 경우를 제외하고는 이 규칙이 정하는 바에 의한다.	**[선택]** 기간제근로자와 무기계약근로자에 따라 달리 대우할 사항이 있는 경우는 해당되는 조항을 명확히 밝히는 것이 바람직함
제3조(사원의 정의) 이 규칙에서 "사원"이라 함은 단시간사원을 제외한 무기계약사원과 기간제사원을 의미한다.	**[선택]** 규칙을 적용받는 대상 근로자의 범위를 명확히 규정하는 것이 바람직함 ☞ **(참고)** 「기간제 및 단시간근로자 보호 등에 관한 법률」 제정으로 계약기간을 정한 근로자를 "기간제근로자"로 표기함에 따라 계약기간을 정하지 않은 근로자를 "무기계약근로자"로 표기하는 것이 일반적임

2. 직원 교육

1) 교육 훈련의 필요성과 목적

뷰티 산업은 서비스 집약 산업이자 인적 지원 산업으로 직원에 대한 교육 훈련은 매우 중요한 부분으로 인식되고 있다. 인적 자원을 선발하면 근무 환경에 적응하고 서비스, 기술, 업무 지식 등을 향상시키기 위해 전반적인 교육 훈련을 실시하게 된다.

교육 훈련은 신규 사원에게만 제한적으로 실시되는 것이 아니라 직무 전환이나 승진으로 인한 보직 변경 시와 새로운 지식 및 기술 습득, 유지 보수 교육 등 기존 경력 직원들에게도 행해진다.

기술과 서비스를 중요시 하는 산업 특성상 다양한 교육과 반복적인 훈련을 통한 인재양성에 힘쓰고 있는데 직급에 상관없이 모든 직원들이 각자의 위치에서 효율적이고 능률적으로 업무를 수행할 수 있도록 운영 책임자는 지속적으로 교육에 시간적, 비용적 투자를 해야 한다.

2) 교육 훈련 과정

(1) 계획 단계 : 교육 실시 대상자와 목표 설정, 장소, 시기, 구체적 방법 등을 계획하는 단계

(2) 실행 단계 : 계획에 따라 구체적으로 실행하는 단계

(3) 평가 단계 : 교육 훈련 결과를 평가하여 재교육 및 추가 교육을 계획하는 등 추후 인적 자원 관리 시 활용되는 단계

3) 계층교육

계층별 교육은 호텔과 스파에 관한 기본적인 교육으로 회사의 인재양성계획에 따라 신입사원부터 임원에 이르기까지 전 직원 모두가 받아야 하는 교육이다.

(1) 입사기본교육

입사 시 누구나 받아야 되는 과정으로 교육 내용은 기업문화, 경영방침, 회사 사업 현황과 조직구성, 인사규정 및 복리후생, 스파 업장의 컨셉, 브랜드 히스토리 등으로 이루어진다.

이 교육 훈련 과정을 통해 조직적응력을 높이고 심리적 안정감을 확보할 수 있다.

(2) 직급별 교육

주로 조직구성원의 기능향상과 능력개발, 관리 및 경영능력 향상을 목적으로 이루어진다.

4) 직무교육

사내 장단기 인력계획과 직무에 따라 실시되는 정규교육훈련으로 해당 과정 이수를 통해 각자의 Duty에 맞는 업무를 수행할 수 있게 된다.

(1) 신입직무

럭셔리 호텔 스파의 직원으로서 기본자세를 확립하고 다양화 되고 있는 고객들의 기대치를 충족하기 위한 서비스 정신이 투철한 스파 테라피스트와 스파 리셉셔니스트를 양성하기 위해 비교적 장기간 철저하게 진행된다.

신입 테라피스트의 주요 교육내용은 직업관, 서비스 능력 함양, 피부와 스파 화장품 이론, 스파 프로그램 매뉴얼, 테크닉 실습, 서비스 실습, 시설 및 장비 관리, 외국어(영어, 일어) 등으로 다양하게 구성된다. 교육 태도 평가 및 테스트 등으로 엄격하게 진행되기 때문에 교육 태도나 자세가 불량하면 중도탈락 되거나 교육 이수가 지연 될 수 있다. 신입 테라피스트는 정기 교육 수료 후 최종 시뮬레이션 테스트를 거쳐 정식으로 1:1 고객 관리를 진행할 수 있다.

신입 리셉셔니스트의 주요 교육내용은 직업관, 서비스 능력 함양 외 고객 응대 서비스 실습, 전화 응대, 예약, 고객 상담 등의 서비스 실무와 스케쥴 관리, 캐셔 업무, 매출 관리, 보고서 처리 등 사무업무로 구성된다. 신입 리셉셔니스트 역시 엄격하게 교육이 진행되며 테스트를 통한 교육 평가가 이뤄진다.

(2) 기성직무

스파 직원들은 진급 및 근무연한에 따라 일정 교육을 받는데 이 과정을 통해 각각의 직책과 Duty에 맞는 직무를 수행하는 것을 배운다. 다음 상위 단계의 과정을 입문하기 위해서는 반드시 전 단계 과정을 이수해야 하는 전제 조건이 있으며 교육 평가가 이뤄지고 테스트를 통해 교육 이수 혹은 미이수가 결정된다.

(3) 기타교육

매년 정기적으로 받아야 하는 산업안전교육, 개인정보보호교육, 직장내성희롱 예방교육과 같은 법정정기교육과 산후 휴직 후 복직교육, 병가 후 복직교육 또는 재입사자 교육 등이 이에 해당된다.

5) 보수교육

호텔스파에서는 다양한 고객의 니즈에 부합하는 서비스 제공의 인재 양성을 위해 다양한 형태의 보수 교육을 실시하고 있다. 보수교육에는 이론 및 실기 테크닉 보수 교육, 자격별 직무 관련 서비스 보수 교육, 리더십 향상 교육, 조직 활성화 교육 등이 포함된다.

[그림 5-2] 자체 교육

3. 서비스 교육

1) 서비스란

(1) 서비스의 정의

서비스의 사전적 정의는 '봉사', '친절', '접대' 등의 의미를 가지고 있는데 '노예의 상태'라는 뜻의 라틴어 '세브르스(Servus)'에서 유래된 말로 노예가 주인이나 권력자의 이익을 위해 희생하고 충성을 바치는 것을 의미하였다.

미국마케팅협회 AMA(American Marketing Association, 1960)에서는 '서비스란 판매를 위해 제공되거나, 또는 상품판매를 수반하여 제공되는 모든 활동, 편익, 만족'이라고 정의하였는데, 이는 유통, 운송, 통신, 수선 · 정비서비스, 신용제공, 컨설팅 등과 같은 여러 행위로 제공되며, 시장에서 판매되는 유 · 무형의 상품까지 포함하는 넓은 의미로 해석된다.

현대에서는 '남을 위해 자기의 정성과 노력을 다 한다'는 의미로 사용되며 상대방이 베푸는 배려에 대해 감사와 만족감을 느껴 상대방의 감정을 움직이게 하는 수단이다.

(2) 서비스의 특성

서비스는 오늘날 매우 중요한 경쟁요소로 다양한 특성이 있는데 이러한 서비스의 특성을 규명하고 이해하는 것은 서비스 개념 연구의 시작이다.

서비스 특성은 아래와 같이 일반적으로 4가지로 정의할 수 있다.

① 무형성

서비스는 형체가 없는 무형으로 눈으로 보거나 만질 수 없으며 어떤 것인지 상상하기 어렵다. 그렇기 때문에 서비스는 유형의 상품과 적절히 결합될 때 비로소 제 기능을 발휘한다. 예컨대, 스파 서비스를 이용할 경우 스파 내 시설 및 집기비품, 즉 침대의 편안함과 침구의 쾌적함 등은 유형의 상품이지만 테라피스트의 부드러운 손길, 음악이나 조명 등의 안락함은 무형의 상품이다.

② 이질성

무형의 서비스는 표준화하기 매우 어렵다. 이는 서비스의 생산 및 인도과정에서 각양각색의 사람들이 느끼는 시각, 청각, 후각, 미각, 촉각 등 감각지수가 다르고 가변적 요소가 많기 때문에 고객마다의 서비스는 다를 수 있다. 예컨대 동일한 스파 서비스를 받았지만 한 고객은 너무 섬세하고 편안했다고 하는 반면 다른 고객은 성의 없었다거나 불편했다고 자기중심적으로 평가 및 판단하며 이는 곧 서비스가 좋다, 나쁘다로 평가되어 결과의 이질성이 있다.

③ 소멸성

서비스는 무형임으로 보관하거나 저장할 수 없기 때문에 재고가 있을 수 없다. 예컨대 유형 제품인 화장품의 경우 오늘 팔지 못하면 보관하여 다음 날 다시 팔 수 있지만 스파서비스 경우 당일 판매가 일어나지 않으면 당일로서 스파서비스요금이 소멸되는 것이다.

④ 동시성

서비스는 생산과 동시에 소비가 이루어진다. 즉 서비스가 제공된다는 것은 서비스가 생산된다는 것이다.

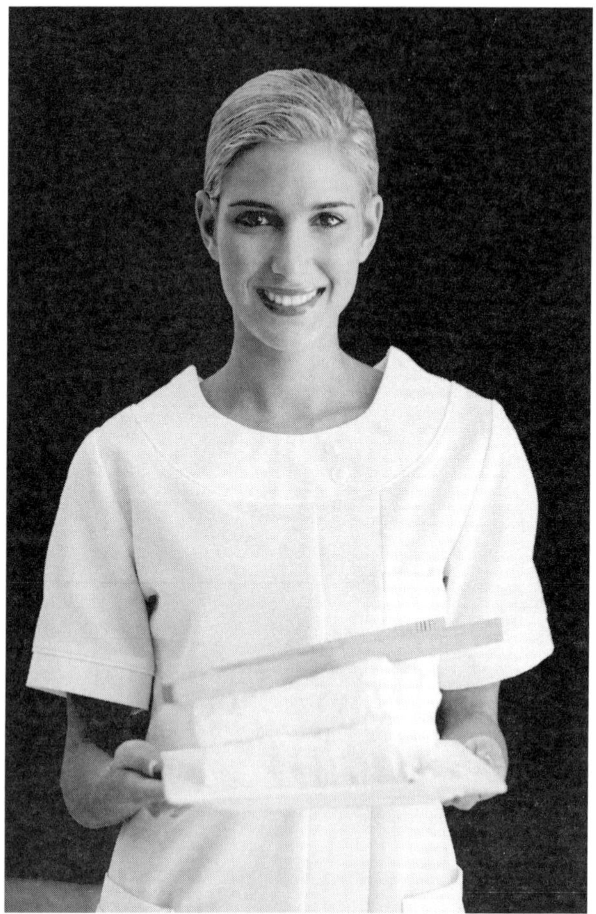

[그림 5-3] 서비스

(3) 서비스의 중요성

서비스기업은 환경의 변화에 민감하게 대응해야 한다. 서비스기업의 수가 급격히 늘어나면서 치열한 경쟁 환경에 놓이게 되었고 수익은 갈수록 줄어들고 있다. 또한 고객의 욕구는 다양화 되고 지속적으로 증가함에 따라 기존의 서비스만으로 고객을 만족시킬 수가 없게 되었으며, 이전 보다 더 나은 서비스, 경쟁사보다 높은 서비스가 제공되어야 한다. 기업은 고객의 만족도가 어느 정도인지 알아야 하고 항상 고객에게 만족감을 제공해야 한다. 이는 기업이 생존하기 위한 필수 조건이다.

(4) 서비스의 본질

고객에게 성실하고, 세심하고, 정확하고 신속하게 내용을 전달하며 진정성 있는 마음가짐으로 진실 된 행동을 보여주고 자발적 도움과 봉사하는 자세를 갖추는 것이 서비스의 본질이다.

[서비스 기본요소]

① **1차적 서비스**(Hardware) : 시설 · 설비, 매장 분위기, 편의시설

② **2차적 서비스**(Humanware) : 직원의 응대서비스, 매너

③ **3차적 서비스**(Software) : 예약 시스템, 고객관리 시스템, 불만처리 시스템, A/S

[서비스(SERVICE)란?]

S SPEED(신속), SMILE(미소), SINCERITY(성의)

E ENERGY(활기), EMOTION(감정)

R RESPECT(존경), REVOLUTION(혁신)

V VALUE(가치)

I IMPRESSIVE(감명 깊은), IMAGE(이미지)

C COURTESY(예의), COMMUNICATION(소통)

E EXCELLENT(탁월함), ENTERTAINMENT(진심으로 환대)

2) 고객만족 서비스

(1) 고객만족 정의

고객만족이란 고객의 성취반응을 뜻하는 것으로 고객의 기대를 충족하는 것을 의미한다. 고객이 구매 전 상품 및 서비스를 비교, 평가, 선택, 구매하는 상황이나 구매 후 상품 및 서비스 자체의 성과에 대해 느끼는 다차원적이고 포괄적 감정으로 사전에 기대한 수준과 구매 후 실제로 경험한 결과 및 평가로 정의할 수 있다.

즉, 고객만족이란 사전 기대치와 경험 후 결과 차이에 따른 고객의 반응으로, 경험전 기대와 경험 중 기대, 그리고 경험 후 기대가 다르게 나타난다고 볼 수 있다. 경험 전과 비교하여 경험 후 기대치가 상대적으로 높은 경우 고객만족이 큰 것으로 볼 수 있을 것이다.

고객의 욕구(Needs)와 기대(Expect)에 최대한 부응하여 그 결과로서 상품과 서비스의 재 구입이 이루어지고 아울러 고객의 신뢰감이 연속적으로 이어지는 상태

(2) 고객만족 서비스(CS : Customer Satisfaction)

기업의 목적은 이윤추구가 아니라 높은 고객 만족을 통한 고객창조에 있으며 이것이 기업의 이익으로 이어지는 것이다. 이렇듯 고객 만족을 목표로 추구하는 기업의 경영기법이 바로 고객만족경영이며 고객만족경영을 통해 충성고객을 늘이고 신규고객을 창출하여 기업의 경쟁력을 강화시킬 수 있다.

(3) 고객감동 서비스(CE : Customer Emotion)

고객감동 서비스는 고객만족을 뛰어 넘은 서비스라고 할 수 있다. 고객의 기대

치 이상으로 높은 가치를 제공하여 고객만족과 동시에 고객에게 신뢰와 존경을 얻는 것이다.

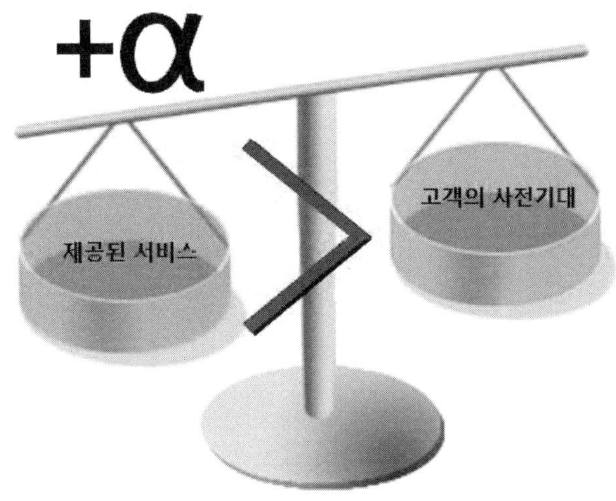

[그림 5-4] 고객만족

(4) 고객 만족/감동/불만족의 상관관계

고객이 기대하는 것만큼 충족시켜주면 단지 불만족은 없을 것이다. 그러나 고객의 요구를 기대치 보다 높게 충족시켜주면 만족하게 되며, 고객이 기대하지 않았던 욕구를 충족시켜 주면 고객감동으로까지 연결된다. 즉, 고객 감동은 고객 만족 $+\alpha$ 이다.

3) 이미지메이킹

(1) 이미지란?

이미지(Image)란 특정한 대상에 대해 연상되는 정보가 마음속에서 그려지는 형체를 '상'이라고 하고, 하나의 형상으로 떠오르기 위해 느껴지는 모든 정보에는 생김새, 키, 피부색, 음성, 표정, 말씨, 헤어스타일, 옷차림, 걸음걸이나 특유의 행동 등이 포함된다.

누군가를 떠올렸을 때 내 주관적 사고와 취향에 따라 편집되고 구성된 것으로 그 사람에 대한 생각의 덩어리, 고유한 느낌과 특유한 감정으로부터 받는 인상의 내용을 의미한다. 즉 이미지는 객관적으로 존재하는 실체가 아니라 상상되는 것이다. 이미지는 자신이 바라는 대로 그리는 것이기 때문에 실체와는 차이를 지니게 된다. 이러한 차이에도 불구하고 상대방에 대한 첫인상이 결정되고 이미지가 '좋다', '나쁘다'로 판단된다. 오늘날 이미지가 중시되는 이유는 사물의 가치를 결정하는 중요한 기준이 되기 때문이다.

(2) 이미지 메이킹이란?

상대방이 가지고 있는 다양한 특징, 모습 등의 정보들이 마음속에서 형상화하는 것을 이미지라고 했다면, 이러한 이미지를 보다 호감가게 변화시키는 것을 이미지 메이킹(Image Making)이라고 한다.

이미지 메이킹은 자신을 상대방에게 어떻게 표현하고 전달할지를 고민하는 것으로 자신을 전혀 다른 사람으로 만드는 것이 아니라 나를 더욱 나답게 표현하면서 능력이나 호감도를 상승시킬 수 있는 모습으로 만드는 것을 의미한다.

(3) 이미지 메이킹의 중요성

첫인상을 결정하고 좌우하기 때문이다. 첫인상, 이미지는 대인관계와 사회활동에서 절대적인 영향력을 행사한다. 대인관계에서 이미지메이킹은 표현 능력을 실현하는 것으로 상대가 나의 이미지를 주관적으로 판단하는데 있어 나의 내면을 상대방에게 보일 수 있게 겉으로 표현하는 이미지 기술이다. 따라서 더불어 사는 사회 구조에서 바람직한 개인의 행복과 삶의 질을 향상시키는 데 큰 기여를 한다.

또한 성공적인 이미지메이킹은 능력의 향상, 성공과도 연결된다. 서비스나 상품 판매에 있어 서비스와 상품 자체의 질도 중요하겠지만 이를 전달하는 사람의 이미지도 중요하다. 이미지 메이킹을 잘 한 직원이 업무 성과가 더 좋다는 연구결과가 이미 발표되었기에 이미지 메이킹에 대한 중요성은 부각되고 있다.

(4) 이미지 메이킹의 효과

① 자신감 회복

② 자아 존중감 향상

③ 대인관계 긍정적 효과

(5) 첫인상

첫인상은 처음 대하는 사람에 대해 갖게 되는 최초의 이미지로 극히 짧은 시간에 상대방에 대한 평가와 결론을 내리게 된다. 첫인상이 결정되는 시간은 4초에 불과하다. 첫인상에 영향을 주는 요인으로는 나이, 성(性), 용모, 피부색, 체격 등과 같은 신체적 특성과 사고력, 판단력, 의사소통 능력 등과 같은 지적 능력 그리고 신뢰성, 수용성, 사회성 등과 같은 퍼스널리티(personality)특성 등이지만 거의 시각적 정보에 의해 첫인상이 결정된다. 첫인상은 인간의 감각기관(시각, 청각, 후각, 미각, 촉각)을 통해 지각된 정보가 사실과는 무관하게 상대방의 감정상태와 사고체계에 의해 형성되므로 첫인상은 개인에 대한 주관적 정보이며 인간관계의 시작이라고 할 수 있다. 첫인상이 중요한 이유는 한 번 결정이 되면 상대방의 기억 속에 강력하게 각인되어 회복하기가 어렵고 오랜 시간이 걸린다.

◆ **메라비안 차트**(Albert Mehrabian)

첫 인상을 결정짓는 요소 중 용모, 복장, 표정 등의 시각적인 요소 55%, 목소리 톤, 억양, 말씨 등 청각적인 요소가 38%, 말의 내용 등 언어적 요소는 7% 시각적 요소가 가장 크게 차지한다.

또한 커뮤니케이션에 있어서도 말의 내용이 차지하는 요소는 7%에 불과하며 시각적, 청각적 요소가 차지하는 비율은 93%로 비언어적인 요소의 중요성을 강조했다. 결국 말의 내용보다 중요한 것은 상대를 배려하는 태도와 마음가짐이 아니겠는가.

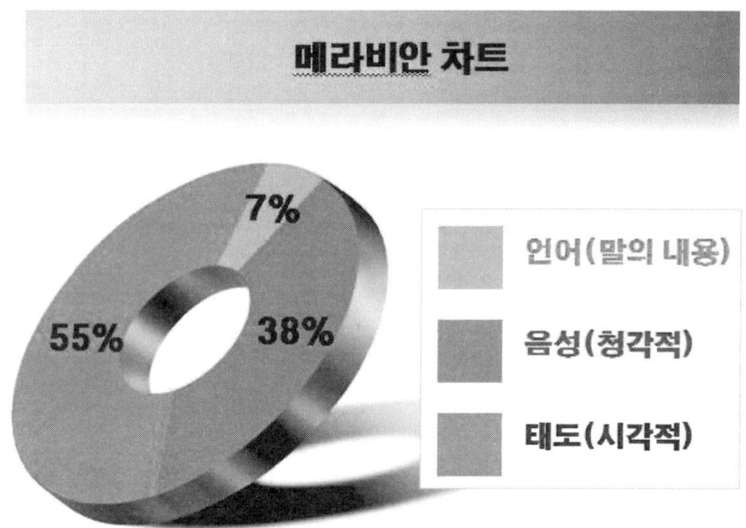

[그림 5-5] 메라비안 차트

(6) 이미지 메이킹의 요소

① 얼굴

표정관리 : 얼굴 전체의 표정이 밝게 빛나며 메이크업이 조화롭게 잘 되어 있어야 한다.

◆ **눈과 시선**

맑고 빛나는 눈을 가진 사람은 호감이 가며 눈동자에 생기가 돈다. 자신감 없는 눈의 시선처리는 아래를 향한다. 눈동자가 안정되지 못하고 이리저리 굴리면 초조하고 불안한 인상이 초래되므로 이미지 관리에 좋지 않다.

◆ **코**

코는 얼굴의 중심에 위치하고 있으며 전체 얼굴의 균형을 유지하는 중요한 부분이다.

◆ **입술**

입술은 크기나 모양에 따라 메이크업이 중요성이 강조되는 부분이다. 립스틱의 색상은 의상, 환경에 따라 조화롭게 선택해야 하며 일반적으로 아이새도우가 강하면 약하게 아이새도우가 약하면 강하게 연출한다.

② 헤어스타일

헤어스타일은 얼굴 형태에 따라 매우 다양하게 연출할 수 있으며 호감 가는 인상에 있어 중요하다.

◆ **계란형 얼굴**

계란형은 가장 이상적인 얼굴형으로 균형이 잘 잡혀 있기 때문에 어떤 헤어스타일도 무난하게 소화할 수 있다. 날카로운 느낌의 헤어보다는 부드러운 웨이브가 이상적이며 스트레이트의 깔끔한 헤어스타일도 잘 어울린다.

◆ **둥근형 얼굴**

둥근 얼굴형은 얼굴을 약간 길어 보이게 하는 게 포인트로 머리 위쪽에 볼륨을 주고 양옆은 볼륨을 적게 넣는 스타일이나, 긴 머리의 경우 묶어 시선을 올려주는 것도 좋다.

◆ **네모형 얼굴**

개성이 강한 얼굴형으로 턱 선 아래로 내려오는 헤어 길이에 브라운 계열의 따뜻한 컬러가 강한 얼굴형을 커버할 수 있다. 헤어에 층을 주고 굵은 웨이브로 부드러움을 표현한다.

◆ **역삼각형 얼굴**

이마가 넓고 광대뼈가 도드라지며 턱이 뾰족하므로 이마와 균형을 맞추고 턱선 너비를 추가해 귀를 가리거나 부드러운 뱅 스타일, 단말머리에 볼륨을 주어 풍성한 스타일이 잘 어울린다.

◆ **긴 얼굴**

얼굴의 길이를 강조하지 않는 스타일이 적합한데 이마를 가리는 뱅 스타일로 긴 얼굴형을 커버할 수 있으며 얼굴 양쪽에 볼륨을 주어 레이어드 컷도 잘 어울린다.

③ 복장

◆ **의상**

의상은 개성을 표현하는 중요한 요소이며 첫인상을 결정과 자신의 이미지를 표현하는데 중요한 요인이 된다. 의상은 자기표현의 중요한 수단으로 자신의 체형과 자신에게 어울리는 의상 스타일을 알고 T.P.O(Time, Place, Occasion)에 맞는 의상을 연출할 수 있어야겠다.

· 청결하고 단정하며 구김이나 얼룩이 없을 가?
· 머리카락이나 비듬이 떨어져 있지 않을 가?
· 지나치게 화려하거나 노출이 심하지 않을 가?
· 트렌드에 민감하게 반응해 너무 길거나 짧거나 하지 않은가?
· 스타킹은 피부톤, 의상색과 유사한 단색 컬러로 무난한가?
· 스타킹의 올이 풀려있지는 않은가?

◆ **네일**

· 네일 길이와 네일이 너무 화려하지 않은가?
· 반지 등 악세사리를 과하게 착용하지 않은가?

◆ **구두**

· 구두는 깨끗하고 적당히 광택이 나는지?
· 구두가 본인에게 너무 크거나 작지 않은지?
· 구두 굽이 너무 닳아 있지는 않은지?
· 구두 굽이 지나치게 높지 않은지?

(7) 미소

사람들은 낯선 환경에서 모르는 사람과 만났을 때 긴장하게 되어 나의 표정이 상대에게 불편하게 작용할 수 있는데 이런 경우 상대방을 편안하게 할 수 있는 방법 중 하나가 미소이다. 미소는 진심에서 우러나와야 자연스럽고 이는 습관화될 수 있도록 노력해야 한다.

[미소의 중요성]

① 상대를 편안하게 해 준다
② 나에 대한 호감을 갖도록 해 준다
③ 원만한 대인관계를 갖게 해 준다
④ 나 자신도 즐거워진다.

[웃음의 효과]

① 대화 효과 : 웃음 그 자체가 훌륭한 대화이다.
② 신바람 효과
③ 건강증진 효과
④ 호감효과
⑤ 마인드 컨트롤 효과
⑥ 감정이입 효과

[스마일 체크리스트]

[표 5-6] 스마일 체크리스트

질문내용		나쁨	보통	좋음
		0	1	2
1	자신의 웃는 얼굴이 마음에 드는가?			
2	웃을 때 입모양과 치아에 자신이 있는가?			
3	치아는 하얗고 윤이 나는가?			
4	웃을 때 손으로 입을 가리지는 않는가?			
5	웃는 얼굴이 건강에 좋다고 생각하는가?			
6	자신의 웃는 모습을 바꾸고 싶은 생각이 있는가?			
7	사진 찍을 때 자연스럽게 웃을 수 있는가?			
8	다른 사람이 나의 웃는 얼굴을 칭찬한 적 있는가?			

(8) 표정

우리는 마음속에 품은 감정이나 정서 등의 심리 상태가 겉으로 드러나는데 이렇듯 신체를 통해 의미가 전달되는 것을 표정이라고 한다.

표정은 얼굴 모양의 변화나 몸짓으로 표현이 가능하고 그 의미를 쉽게 전달할 수 있다. 그래서 의사소통 시 언어 외에도 표정을 통해 말하고자 하는 의도를 나타내기 때문에 훨씬 전달력이 높아진다. 때로는 수 마디 말보다 표정 하나가 더 많은 것을 전하기도 한다.

감정과 생각이 그대로 얼굴에 표정으로 나타나기 때문에 다른 사람의 표정을 보고 진실인지, 거짓인지를 구분할 수 있으며, 매우 짧은 순간에도 다른 사람의 표정을 읽고 감정을 파악할 수 있다. 그러므로 평소 바른 마음가짐으로 인격과 교양을 쌓아 올바르고 자연스러운 표정을 만들기 위해 노력해야 한다.

표정이 밝은 사람은 호감을 주기 때문에 원만한 인간관계를 유지하며 매사를 성공적으로 이끌 수 있다.

[표정의 중요성]

① 표정은 첫인상을 결정짓는다.

② 첫인상은 극히 짧은 시간에 결정되며, 좋은 첫인상이 호감을 오래 지속시킨다.

③ 밝은 표정은 원만한 인간관계의 기본이다.

④ 표정으로 의사소통을 한다.

[고객이 싫어하는 표정(시선)]

① 아래로 뜨는 시선 – 자신감이 없어 보임

② 곁눈질 – 무시당하는 느낌

③ 위로 치켜뜨는 시선 – 거만한 느낌

④ 아래, 위로 훑어보는 시선 – 불쾌감을 줌

⑤ 산만한 시선처리 – 불안감, 집중하지 않는 느낌

[얼굴 표정 관리]

얼굴 표정은 곧 심리상태를 전달하는 언어이다.

얼굴은 그 사람의 마음을 보여주는 거울로서 여러 가지 심리상태를 나타낸다. 특히 얼굴의 표정은 상대방의 기분을 판단하는 중요한 요소가 되기도 하고 호감을 주느냐, 못 주느냐의 중요한 요소가 되기도 한다. 기쁨, 슬픔, 즐거움, 행복함 등 다양한 얼굴 표정은 그 사람의 마음에 따라 만들어 질 수 있는 것으로 밝고 건강하고 온화한 얼굴 표정은 오랜 자기 수양과 숙련을 통해 가능하다.

[그림 5-6] 표정

[표정관리 체크리스트]

[표 5-7] 표정관리 체크리스트

질문내용		나쁨	보통	좋음
		0	1	2
1	자신의 표정이 마음에 드는가?			
2	자신의 표정을 타인이 만족하고 있다고 생각하는가?			
3	상황에 맞는 표정을 연출할 수 있는가?			
4	시선처리가 자연스러운가?			
5	치아가 보이게 자신 있게 웃는 편인가?			
6	웃을 때 입술 양 끝이 위로 올라가는가?			
7	곁눈질 또는 위로 치켜보는 일은 없는가?			
8	자신의 표정을 바꾸고 싶은 생각이 있는가?			

4) 불만고객응대

(1) 고객 불만족

고객만족은 사전 기대치와 경험 후 결과 차이에 따른 고객의 반응으로 경험 후 기대를 충족시켰을 때 고객만족이라 했을 때, 고객 불만족은 경험 후 기대를 충족시키지 못 했을 때를 일컫는다.

고객의 불평행동은 제품에 문제가 발생되었거나 서비스가 적절하게 이행되지 않는 경우 발생된다고 할 수 있다. 특히, 고객 만족과 불만족은 일반적으로 고객의 감정적 요소와 주관적인 기대수준에 의해 좌우되므로, 동일한 제품과 서비스에 대한 만족 혹은 불만족의 결과는 고객에 따라 달라진다.

(2) 컴플레인(Complaint)과 클레임(Claim)

[컴플레인]

사전적 의미는 '불평하다', '투덜거리다'로, 본인의 주관적인 관점에서 제공받은 제품 및 서비스에 대해 평가를 하여 불만족을 표하는 것을 컴플레인이라고 한다.

· 고객의 주관적 평가로 제품 및 서비스에 대해 불만족 시 불평을 전달하는 것

· 고객의 감정이 개입된 것

· 직원의 태도 및 불친절 등 주관적 개념으로 내가 느끼는 불편한 행위에 대한 시정요구

[클레임]

사전적 의미는 '(당연한 것으로서 권리, 유산 등을) 요구(청구)하다'이며, 객관적 관점에서 문제에 대한 불만사항을 제시하고 이에 대한 처리를 요구하는 것을 클레임이라고 한다.

· 누가 봐도 잘못한 객관적 관점에서 제기할 수 있는 문제점
· 객관적 개념으로 잘못된 행위, 방침에 대한 시정요구
· 예약이 누락되었거나 시간 지연 등 객관적 상황에 수정 및 배상 요구

[그림 5-7] 컴플레인

컴플레인과 클레임 모두 제대로 된 서비스를 제공 받지 못 했을 때 발생 및 요구한다는 공통점이 있다.

(3) 컴플레인의 중요성

고객의 컴플레인을 통해 고객이 원하는 것이 무엇인지 파악할 수 있으며 고객에 대한 정확한 사실을 얻을 수 있다. 때문에 고객의 불평을 장려하는 분위기를 조성해 고객의 소리에 귀 기울이는 노력이 필요하다. 또한 고객이 불평하지 않는다고 해서 고객의 제품과 서비스에 대한 욕구가 충족되었다고 할 수는 없다. 일반적으로 불만족한 고객의 대부분은 내색하지 않고 조용히 떠난다.

일반적으로 매장을 방문 해 좋은 인상을 받은 고객은 주변의 3인에게 이야기를 전달하는 반면에 매장에서 나쁜 인상을 받은 고객은 주변의 7인에게 부정적인 이야기를 전달한다고 한다. 이는 부정적 인상을 경험한 고객은 물론 주변인들까지 다수가 그 곳을 방문하지 않는다는 이야기이며, 부정적인 내용 일수록 전파력이 더 강하다는 의미이다.

(4) 컴플레인 처리의 중요성

컴플레인 처리 미숙은 고객의 발길을 끊게 할 뿐 아니라 주변인에게 부정적 경험을 공유하여 가망 고객의 방문 기회를 앗아가고 나아가 기업의 매출 손실과 존폐의 위기까지 가져올 수 있다. 때문에 고객 컴플레인에 대한 체계적인 대응과 고객의 불만족에 대한 사후관리는 더욱 더 중요해 지고 있다. 올바른 컴플레인 처리는 고객과의 관계를 더욱 돈독히 해주기도 하고 단골고객으로 유치로까지 이어질 수 있다.

(5) 컴플레인 발생 원인

① 회사

· 제품 및 서비스의 불량
· 업무 처리 시스템 불안정
· 업무 프로세스 미 구축

② 직원

· 지식 부족, 비전문성
· 불친절, 서비스 정신 결여
· 고객의 감정에 대한 배려 부족
· 의사소통의 서툼

③ 고객

· 지식, 인식의 부족
· 기억 착오
· 독단적 해석, 성급한 결론
· 사정의 변화
· 감정적인 요인
· 고의, 악의

컴플레인 발생에는 다양한 원인이 있지만 고객 불만의 대부분은 직원의 고객 응대 과정에서 발생하게 된다. 1차적 원인이 회사나 고객에게 있다 해도 응대 과정에서 직원의 문제로 2차 컴플레인이 발생하고 확대될 수 있는 만큼 직원의 서비스 자세에 세심한 주의를 기울여야 한다.

(6) 컴플레인 처리 방법

1. 신속한 접수

고객의 불평사항을 접수하기 위한 적극적 자세를 취한다.

2. 사과

고객의 불편을 초래한 데에 대해 우선적으로 사과의 말씀을 드린다.

3. 경청

고객의 입장에서 청취하며 고객의 불편사항을 긍정적으로 받아들인다.

4. 원인분석

요점을 파악하여 불평의 원인이 무엇인지 찾아낸다.

5. 고객동조

고객의 입장에서 충분히 불편하고 불만을 제기할 수 있는 정당한 상황임을 동조한다.

6. 방안모색

전례, 회사의 방침 등을 고려해 해결할 수 있는 방안을 모색한다. 직접 해결하기 힘든 부분은 해당 책임자에게 보고하여 함께 해결책을 찾는다.

7. 대안제시

신속히 해결책을 찾아 처리하고 고객에게 해결방안을 설명하여 고객을 납득시킨다.

8. 사과와 감사

불편을 끼친 점에 대한 사과와 개선할 수 있는 기회를 주신 데에 대한 감사함을 표현하여 고객이 업장을 다시 방문하기 어색하거나 민망하지 않게 한다.

9. 결과 건토

컴플레인을 재검토하여 반복 발생되지 않게 주의를 기울이고 컴플레인 고객의 만족도를 확인하고 관리하여 단골고객으로 만든다.

(7) 고객 불평 처리 시 유의사항

① 고객을 존중하는 태도를 갖는다.

② 고객은 근본적으로 선의를 가지고 있다고 믿으며 선입관을 갖지 않는다.

③ 고객 불평에 대소를 가리지 않는다.

④ 고객을 서 있게 하거나 기다리게 하지 않는다.

⑤ 고객의 입장에서 성의 있게 응한다.

⑥ 말을 가로 막지 않으며 끝까지 경청한다.

⑦ 고객에의 잘못을 책망하거나 책임을 전가하지 않는다.

⑧ 품위를 지키며 상냥하고 침착하게 응한다.

⑨ 설명 시 전문용어를 피하며 평이한 언어를 사용한다.

⑩ 잘못된 점에 대해 솔직하고 진지하게 사죄를 드린다.

⑪ 변명하지 않는다.

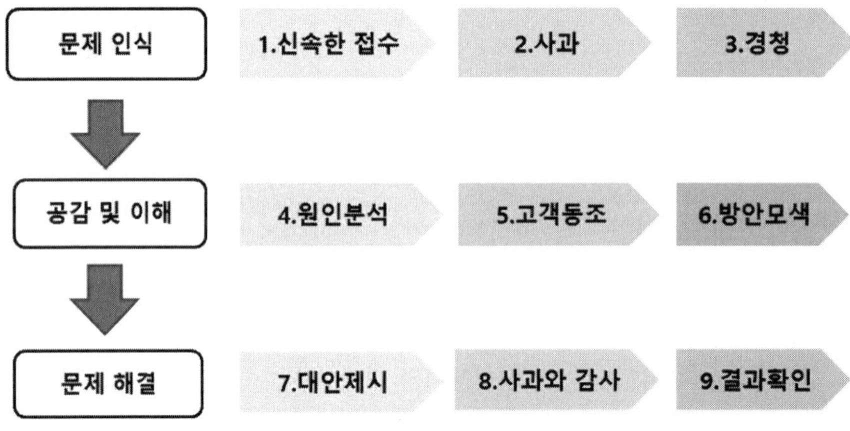

[그림 5-8] 컴플레인 처리

[불만고객 처리의 3원칙]

· **장소** · **사람** · **시간**

(8) 불만고객응대의 원칙

[피뢰침의 원칙]

건물이나 자동차에 딸린 피뢰침은 번개를 직접 맞지만 자신은 상처를 입지 않을 뿐 아니라 건물이나 자동차까지도 아무런 상처가 없도록 번개를 땅으로 흘려보낸다고 한다. 고객이 불만과 분노 섞인 다양한 표현을 직접적으로 한다고 해서 나에 대한 개인적인 감정으로 받아들이지 말고 회사나 제도에 항의하는 것으로 여겨 나 자신을 조직의 피뢰침으로 받아들이고 성실히 수행함으로써 조직과 개인은 상처를 입지 않고 발선의 토대가 될 것이다.

[책임공감의 원칙]

조직 내 구성원의 일원으로서 내가 한 행동의 결과이든 다른 사람의 결과이든 고객의 불만족에 대한 책임을 같이 져야 한다. 고객에게는 담당자가 누구인지가 중요한 것이 아니라 나의 문제를 해결해 줄 수 있는지 아닌지가 중요하다. 소통이 원활하고 유기적인 협조가 이루어지는 조직은 담당자가 부재인 경우에도 수위의 동료들이 자신의 일처럼 처리해 줄 것이다. 책임을 공감하고 내 일처럼 성의껏 처리하려는 자세가 고객의 컴플레인을 신속히 해결하고 2차 컴플레인으로 확대되는 것을 막을 수 있다.

[감정통제의 원칙]

사람은 감정의 동물로 불합리하게 분노하는 고객을 만나게 되면 자신도 모르게 감정을 드러내는 경우가 있다. 그러나 사람을 만나 의사소통하고 문제 해결하는 것이 우리의 직업 안에 주어진 임무라면 사람과의 만남에서 오는 부담감을 극복하고 자신의 감정까지도 통제할 수 있어야 한다. 자신을 잃지 않고 끝까지 감정을 지켜나가는 사람이 최후의 승리자가 될 것이며 그것이 진정 프로의 모습이다.

[언어절제의 원칙]

"만일 당신이 사람들에게 따지고 상처를 주고 반박을 한다면 때때로 승리할 수도 있을 것이다. 하지만 그것은 공허한 승리에 불과하다. 왜냐하면 당신은 결코 상대방으로부터 호의를 얻어내지 못할 것이기 때문이다." 〈벤자민 프렝클린〉

고객보다 말을 많이 하는 경우 고객의 입장보다 자신의 입장을 먼저 고려하게 되기 때문에 고객응대에 있어 언어절제의 원칙은 매우 중요하다. 말을 많이 하는 것 보다 경청하는 것이 문제해결에 훨씬 도움이 된다.

[역지사지의 원칙]

먼저, 고객을 이해하기 위해서는 반드시 그의 입장에서 문제를 바라봐야 한다. 누구도 고객의 입장이 되어 보지 않고서는 그 마음을 헤아릴 수 없다. 고객은 우리의 규정도 업무 프로세스도 알지 못한다. 그럼에도 우리는 고객이 모든 것을 알고 있다는 듯 대하는 오류를 범하고 있다. 전문용어를 남발하거나 '안됩니다'라고 딱 잘라 말하는 경우 등이 모두 여기에 기인한다.

또한, 우리는 자신에게 관심을 가져 주는 사람에게 관심을 갖듯이 고객 또한 자신에게 관심을 가져 주는 사람에게 호감을 갖는다. 고객에게 관심을 보여야만 우리의 말과 설명이 고객에게 제대로 전달되어 설득력을 갖게 될 것이다.

(9) 불평고객 유형

[표 5-8] 불평고객 유형

직접 컴플레이형	· 기업에게 직접 컴플레인하는 바람직한 고객유형 · 상품과 서비스 개선의 기회를 주는 가장 바람직한 유형
수동적, 관망적	· 기업에게 어떠한 컴플레인도 하지 않음 · 불만을 속으로 쌓아두는 유형 · 추가 구매, 재방문 및 어떠한 형태로든 그 기업의 상품 이용 않음
분노형	· 기업에게 컴플레인 하지 않음 · 주변인을 통해 부정적 경험 공유하고 구매하지 못하도록 유도

행동형	· 1차적으로 기업에게 직접 컴플레인 · 만족하지 못할 시 법적 행동을 취하거나 신문, 방송 등 대중매체를 통해 공개하여 기업에게 복수하는 유형

[불평 행동 유형]

[표 5-9] 불평 행동 유형

행동유형		항목
행동형	사적행동유형	· 주변인에게 부정적 경험에 대해 불평 · 제품 및 서비스를 재 구매하지 않음 · 구매와 관련된 직원에게 불평
	사법적 행동유형	· 보상을 받기 위한 법적 대응 고려 · 변호사 선임 / 공적기관, 국회의원 등에게 불평 · 해당 회사에 지불 중단
	보상추구형	· 해당 회사에 불평 · 환불 및 교환 요구 · 소비자 보호단체에 알림 · 신문 등 매체를 통해 기고
무행동	비 불평행동 유형	· 부정적 구매 경험에 대해 아무런 행동도 취하지 않음

[불만고객의 사실]

· 불만고객의 95%는 기업에 불평하지 않는다.

· 만족 고객은 보통 4~5명에게 소문을 내고 불만 고객은 8~10명에게 말한다.

· 문제해결이 안 된 불만고객의 90%는 그 기업의 상품/서비스를 더 이상 이용하지 않는다.

· 문제가 해결된 고객의 54%는 애호고객, 단골고객이 된다.

4. 직원 정기 교육

1) 산업안전교육

(1) 안전관리의 개념

안전관리는 인적 · 물적 재해를 미연에 방지하고, 특히 고객의 귀중한 생명과 신체를 보전함으로서 생활을 유지 발전시키고 사회에 공헌하기 위한 것이다. 재해로부터 호텔의 재산과 호텔 내에 있는 고객의 생명과 재산, 종사원의 생명과 재산을 보호하기 위한 계획적이고 체계적인 활동을 말한다.

사고는 여러 가지 요인에 의해 발생되는데 크게 물질적 요인, 인적요인, 환경적 요인에 의해 발생이 되며, 이 중 한 가지 요인 혹은 여러 요인이 어우러져 발생되기도 한다.

현대 산업사회에서는 고도화된 설비로 철저히 안전시설을 갖추고 있어 물적 요인에 의한 사고보다는 인적 요인에 의한 발생률이 상대적으로 높으며 이러한 인적 요인을 제거하기 위한 노력들을 기울이고 있다.

(2) 호텔의 안전사고 유형

① 화재
② 전기감전
③ 충돌
④ 미끄러짐
⑤ 화상
⑥ 척추, 허리 디스크
⑦ 고객의 각종 안전사고
⑧ 기계장비에 의한 산재사고

호텔 스파 업장에서도 직원 및 고객의 크고 작은 안전사고가 발생할 수 있기 때문에 매사에 사고 발생의 원인이 될 수 있는 요소들을 면밀히 파악하여 사고를 미연에 방지해야하겠다.

(3) 안전관리 형태

① 화재예방

화재는 발생하게 되면 큰 대형 사고로 확대될 우려가 있는데 고객의 생명을 위협할 뿐 아니라 호텔 재산에도 치명적인 손실을 가져올 수 있다. 또한 화재의 발생은 호텔의 이미지에도 큰 타격을 입게 되어 매출 손실로 인한 경영 어려움을 겪을 수 있다. 따라서 모든 구성원이 항상 화재예방에 주의를 기울여야 한다.

◆ 소방교육과 훈련의 유형

· 예방훈련
· 소방훈련
· 대피훈련
· MENTAL PRACTICE

◆ **직원 숙지사항**

· 소화기 취급 요령 및 소화전 사용법
· 업장 주위의 비상구 위치 및 비상대피로, 발신기 위치, 피난장비 위치
· 자위소방대 임무
· 화재 시 행동요령
가. 불이야! 외친다.
나. 발신기 버튼을 누른다.
다. 전화로 신고한다.
라. 초기 소화 실시한다.
마. 고객대피 유도한다.

② 도난

호텔스파에서 발생되는 도난사고는 두 가지로 종사원, 고객, 도둑 등에 의해 호텔스파의 재산이 감소되는 경우와 고객의 재산이 도둑에게 도난당하는 경우이다.

특히 도둑에 의해 고객의 귀중품을 도난당하는 경우 업장 이미지에 악영향을 미치게 되기 때문에 세심한 주의가 필요하다. 고객의 귀중품에 대해 별도의 보관 및 보관 안내 등 업무 프로세스를 구축하고 사건 발생 시 조치사항 등도 사전숙지 되어야 한다.

③ 스파 재산의 분실

스파에서 분실되는 물건의 종류는 화장품, 타월, 린넨 및 각종 비품을 들 수 있다. 이러한 분실품의 분실액수는 경우에 따라 서비스판매이익을 초과하게 되는 경우가 있어 직원들은 도난방지에 최선을 다하지 않으면 안 된다.

④ 고객의 재산 도난

고객의 재산이 도난당하는 경우는 라커 문 잠그는 것을 잊었거나 고객 부주의

로 물품을 놓고 자리를 비웠을 때 발생되는 경우가 있다. 호텔스파는 예약제 운영으로 시간대별 제한된 고객을 모시기 때문에 제 3자에 의한 도난은 상대적으로 많지 않지만 발생 시에는 오히려 직원이 의심의 대상이 될 수 있기 때문에 철저히 안전대책을 강구하고 항상 주의를 기울여야한다.

⑤ 인사사고

호텔과 호텔스파는 많은 사람들이 이용하는 장소이기 때문에 때에 따라서는 질병 혹은 사고에 의해 육체적 정신적 문제가 발생되는 경우가 있다. 이 때 고객을 위한 신속하고 적절한 응급처치와 처리는 고객을 위험으로부터 구하면서 친절한 서비스에 만족하게 될 수 있다. 응급상황 발생 시 연락체계, 대처요령 및 처리 프로세스 등의 매뉴얼을 숙지하고 정기적으로 교육해야 한다.

2) 개인정보보호교육

(1) 개인정보의 개념과 정의

개인정보는 개인에 관한 정보 가운데 직 · 간접적으로 각 개인을 식별할 수 있는 정보를 뜻하며 식별 가능성이 없는 정보는 개인정보로 간주 하지 않는다. 즉, 개인정보는 '식별된 또는 식별될 수 있는 개인에 관한 모든 정보'이다.

개인정보보호법에서 정의하는 개인정보란 살아 있는 개인에 관한 정보로서 성명, 주민등록번호 및 영상 등을 통해 개인을 알아볼 수 있는 정보를 말한다.

(2) 개인정보보호법

개인정보의 수집 · 유출 · 오용 · 남용으로부터 사생활의 비밀 등을 보호함으로써 국민의 권리와 이익을 증진하고, 나아가 개인의 존엄과 가치를 구현하기 위한 것으로 당사자의 동의 없는 개인정보 수집 및 활용이나 제3자에게 제공하는 것을 금지하는 등 개인정보보호를 강화한 내용을 담아 제정한 법률로 이를 위반할 시 5년 이하의 징역이나 5,000만 원 이하의 벌금에 처할 수 있다.

기업에서는 개인정보수집, 취급, 처리에 관한 안전한 방법을 규정화하고 개인정보 유출 방지에 노력과 책임을 다 해야 하는데, 개인정보를 수집 및 취급하는 모든 기업은 반드시 개인정보보호교육은 연 1회(60분 이상) 실시해야 하는 의무가 있다.

개인정보보호법

제15조(개인정보의 수집 · 이용) ① 개인정보처리자는 다음 각 호의 어느 하나에 해당하는 경우에는 개인정보를 수집할 수 있으며 그 수집 목적의 범위에서 이용할 수 있다.

1. 정보주체의 동의를 받은 경우
2. 법률에 특별한 규정이 있거나 법령상 의무를 준수하기 위하여 불가피한 경우
3. 공공기관이 법령 등에서 정하는 소관 업무의 수행을 위하여 불가피한 경우
4. 정보주체와의 계약의 체결 및 이행을 위하여 불가피하게 필요한 경우
5. 정보주체 또는 그 법정대리인이 의사표시를 할 수 없는 상태에 있거나 주소불명 등으로 사전 동의를 받을 수 없는 경우로서 명백히 정보주체 또는 제3자의 급박한 생명, 신체, 재산의 이익을 위하여 필요하다고 인정되는 경우
6. 개인정보처리자의 정당한 이익을 달성하기 위하여 필요한 경우로서 명백하게 정보주체의 권리보다 우선하는 경우. 이 경우 개인정보처리자의 정당한 이익과 상당한 관련이 있고 합리적인 범위를 초과하지 아니하는 경우에 한한다.

② 개인정보처리자는 제1항제1호에 따른 동의를 받을 때에는 다음 각 호의 사항을 정보주체에게 알려야 한다. 다음 각 호의 어느 하나의 사항을 변경하는 경우에도 이를 알리고 동의를 받아야 한다.

1. 개인정보의 수집 · 이용 목적
2. 수집하려는 개인정보의 항목
3. 개인정보의 보유 및 이용 기간

4. 동의를 거부할 권리가 있다는 사실 및 동의 거부에 따른 불이익이 있는 경우에는 그 불이익의 내용

제16조(개인정보의 수집 제한) ① 개인정보처리자는 제15조제1항 각 호의 어느 하나에 해당하여 개인정보를 수집하는 경우에는 그 목적에 필요한 최소한의 개인정보를 수집하여야 한다. 이 경우 최소한의 개인정보 수집이라는 입증책임은 개인정보처리자가 부담한다.

② 개인정보처리자는 정보주체의 동의를 받아 개인정보를 수집하는 경우 필요한 최소한의 정보 외의 개인정보 수집에는 동의하지 아니할 수 있다는 사실을 구체적으로 알리고 개인정보를 수집하여야 한다. 〈신설 2013.8.6.〉

③ 개인정보처리자는 정보주체가 필요한 최소한의 정보 외의 개인정보 수집에 동의하지 아니한다는 이유로 정보주체에게 재화 또는 서비스의 제공을 거부하여서는 아니 된다. 〈개정 2013.8.6.〉

제17조(개인정보의 제공) ① 개인정보처리자는 다음 각 호의 어느 하나에 해당되는 경우에는 정보주체의 개인정보를 제3자에게 제공(공유를 포함한다. 이하 같다)할 수 있다.

1. 정보주체의 동의를 받은 경우
2. 제15조제1항제2호 · 제3호 및 제5호에 따라 개인정보를 수집한 목적 범위에서 개인정보를 제공하는 경우

② 개인정보처리자는 제1항제1호에 따른 동의를 받을 때에는 다음 각 호의 사항을 정보주체에게 알려야 한다. 다음 각 호의 어느 하나의 사항을 변경하는 경우에도 이를 알리고 동의를 받아야 한다.

1. 개인정보를 제공받는 자

2. 개인정보를 제공받는 자의 개인정보 이용 목적
3. 제공하는 개인정보의 항목
4. 개인정보를 제공받는 자의 개인정보 보유 및 이용 기간
5. 동의를 거부할 권리가 있다는 사실 및 동의 거부에 따른 불이익이 있는 경우에는 그 불이익의 내용

③ 개인정보처리자가 개인정보를 국외의 제3자에게 제공할 때에는 제2항 각 호에 따른 사항을 정보주체에게 알리고 동의를 받아야 하며, 이 법을 위반하는 내용으로 개인정보의 국외 이전에 관한 계약을 체결하여서는 아니 된다.

제21조(개인정보의 파기) ① 개인정보처리자는 보유기간의 경과, 개인정보의 처리 목적 달성 등 그 개인정보가 불필요하게 되었을 때에는 지체 없이 그 개인정보를 파기하여야 한다. 다만, 다른 법령에 따라 보존하여야 하는 경우에는 그러하지 아니하다.
② 개인정보처리자가 제1항에 따라 개인정보를 파기할 때에는 복구 또는 재생되지 아니하도록 조치하여야 한다.
③ 개인정보처리자가 제1항 단서에 따라 개인정보를 파기하지 아니하고 보존하여야 하는 경우에는 해당 개인정보 또는 개인정보파일을 다른 개인정보와 분리하여서 저장 · 관리하여야 한다.
④ 개인정보의 파기방법 및 절차 등에 필요한 사항은 대통령령으로 정한다.

제22조(동의를 받는 방법) ① 개인정보처리자는 이 법에 따른 개인정보의 처리에 대하여 정보주체(제5항에 따른 법정대리인을 포함한다. 이하 이 조에서 같다)의 동의를 받을 때에는 각각의 동의 사항을 구분하여 정보주체가 이를 명확하게 인지할 수 있도록 알리고 각각 동의를 받아야 한다.

② 개인정보처리자는 제15조제1항제1호, 제17조제1항제1호, 제23조제1항제1호 및 제24조제1항제1호에 따라 개인정보의 처리에 대하여 정보주체의 동의를 받을 때에는 정보주체와의 계약 체결 등을 위하여 정보주체의 동의 없이 처리할 수 있는 개인정보와 정보주체의 동의가 필요한 개인정보를 구분하여야 한다. 이 경우 동의 없이 처리할 수 있는 개인정보라는 입증책임은 개인정보처리자가 부담한다. 〈개정 2016.3.29.〉

③ 개인정보처리자는 정보주체에게 재화나 서비스를 홍보하거나 판매를 권유하기 위하여 개인정보의 처리에 대한 동의를 받으려는 때에는 정보주체가 이를 명확하게 인지할 수 있도록 알리고 동의를 받아야 한다.

④ 개인정보처리자는 정보주체가 제2항에 따라 선택적으로 동의할 수 있는 사항을 동의하지 아니하거나 제3항 및 제18조제2항 제1호에 따른 동의를 하지 아니한다는 이유로 정보주체에게 재화 또는 서비스의 제공을 거부하여서는 아니 된다.

⑤ 개인정보처리자는 만 14세 미만 아동의 개인정보를 처리하기 위하여 이 법에 따른 동의를 받아야 할 때에는 그 법정대리인의 동의를 받아야 한다. 이 경우 법정대리인의 동의를 받기 위하여 필요한 최소한의 정보는 법정대리인의 동의 없이 해당 아동으로부터 직접 수집할 수 있다.

⑥ 제1항부터 제5항까지에서 규정한 사항 외에 정보주체의 동의를 받는 세부적인 방법 및 제5항에 따른 최소한의 정보의 내용에 관하여 필요한 사항은 개인정보의 수집매체 등을 고려하여 대통령령으로 정한다.

제28조(개인정보취급자에 대한 감독) ① 개인정보처리자는 개인정보를 처리함에 있어서 개인정보가 안전하게 관리될 수 있도록 임직원, 파견근로자, 시간제근로자 등 개인정보처리자의 지휘 · 감독을 받아 개인정보를 처리하는 자(이하 "개인정보취급자"라 한다)에 대하여 적절한 관리 · 감

독을 행하여야 한다.

② 개인정보처리자는 개인정보의 적정한 취급을 보장하기 위하여 개인정보취급자에게 정기적으로 필요한 교육을 실시하여야 한다.

제29조(안전조치의무) 개인정보처리자는 개인정보가 분실 · 도난 · 유출 · 위조 · 변조 또는 훼손되지 아니하도록 내부 관리계획 수립, 접속기록 보관 등 대통령령으로 정하는 바에 따라 안전성 확보에 필요한 기술적 · 관리적 및 물리적 조치를 하여야 한다. 〈개정 2015.7.24.〉

제30조(개인정보 처리방침의 수립 및 공개) ① 개인정보처리자는 다음 각 호의 사항이 포함된 개인정보의 처리 방침(이하 "개인정보 처리방침"이라 한다)을 정하여야 한다. 이 경우 공공기관은 제32조에 따라 등록대상이 되는 개인정보파일에 대하여 개인정보 처리방침을 정한다. 〈개정 2016.3.29.〉

1. 개인정보의 처리 목적
2. 개인정보의 처리 및 보유 기간
3. 개인정보의 제3자 제공에 관한 사항(해당되는 경우에만 정한다)
4. 개인정보처리의 위탁에 관한 사항(해당되는 경우에만 정한다)
5. 정보주체와 법정대리인의 권리 · 의무 및 그 행사방법에 관한 사항
6. 제31조에 따른 개인정보 보호책임자의 성명 또는 개인정보 보호업무 및 관련 고충사항을 처리하는 부서의 명칭과 전화번호 등 연락처
7. 인터넷 접속정보파일 등 개인정보를 자동으로 수집하는 장치의 설치 · 운영 및 그 거부에 관한 사항(해당하는 경우에만 정한다)
8. 그 밖에 개인정보의 처리에 관하여 대통령령으로 정한 사항

② 개인정보처리자가 개인정보 처리방침을 수립하거나 변경하는 경우에는 정보주체가 쉽게 확인할 수 있도록 대통령령으로 정하는 방법에 따

라 공개하여야 한다.
③ 개인정보 처리방침의 내용과 개인정보처리자와 정보주체 간에 체결한 계약의 내용이 다른 경우에는 정보주체에게 유리한 것을 적용한다.
④ 행정자치부장관은 개인정보 처리방침의 작성지침을 정하여 개인정보처리자에게 그 준수를 권장할 수 있다. 〈개정 2013.3.23., 2014.11.19.〉

(3) 개인정보 보호의 중요성

① 개인정보 침해에 따른 유출은 개인 사생활 침해로 인한 국민의 정신적 피해와 명의 도용과 보이스 피싱에 의한 경제적 피해 및 그 외 각종 범죄에 활용되는 등 위험을 야기한다.

② 개인정보 침해는 고객의 신뢰성 저하로 인한 기업의 이미지 실추 및 대규모 피해보상에 따른 기업의 경제적 손실과 직접적으로 연결된다.

③ 정보사회 자체에 대한 신뢰 하락으로 사회적 혼란을 야기할 수 있으며, 국제사회에서 우리 IT산업의 경쟁력 저하 및 국가 브랜드 하락을 가져온다.

개인정보 보호를 위해서 각 정보주체들은 본인의 개인정보 관리에 각별한 주의를 기울임과 동시에 기본적으로 필요한 개인정보 관리방법을 숙지하며 기업들은 자체적으로 개인정보 보호 관리체계를 갖추고 이에 따른 관리와 기술적 보호 조치를 해야 한다. 또한 범국가적 차원에서 엄격히 보호 및 관리 할 필요성이 있다.

(4) 기업/사업자 준수사항

① 개인정보 동의 후 수집

· 회원 가입, 고객 등록 시 개인정보동의서를 활용한 정보수집. (수집이용 목적, 보유기간, 거부 시 불이익 등 고지)

② 서비스 및 업무에 꼭 필요한 최소한의 정보만 수집

· 주민등록번호 등 민감한 정보는 원칙적으로 수집 금지

③ 개인정보 수집 목적에 맞게 이용하며 제3자 제공 금지

· 수집 목적과 다르거나 제3자에게 제공 시 반드시 고객의 동의 구함

④ 개인정보처리위탁 시 반드시 문서로 하며 위탁사실 공개

· 개인정보의 처리 위탁 시 홈페이지 또는 사업장에 위탁내용과 수탁자 공개

⑤ 개인정보 안전한 관리 및 보관

· 개인정보 보관 장소 출입 통제, 시건장치 마련, 개인정보 접근통제 암호화 등 내부관리계획 수립

⑥ 보유기간 경과 및 이용목적 달성 후 불필요한 경우 반드시 파기

· 복구 또는 재사용되지 않도록 파기

3) 직장내 성희롱 예방 교육

(1) 성희롱

영어의 'sexual harassment'에 해당하는 용어로 '성적 괴롭힘'으로 의미이다.

일반적으로 성희롱이란 사회생활에서 상대방 의사에 반하는 성(性)과 관련된 말과 행동으로 불쾌하고 굴욕적인 느낌을 갖게 하거나 유/무형의 피해를 주는 행위를 말한다.

직장 내 성희롱의 개념은 '국가인권위원회법'에 따르면 '업무, 고용 그 밖의 관계에서 공공기관의 종사자, 사용자, 또는 근로자가 그 지위를 이용하거나 업무 등과 관련하여 성적 언동 등으로 성적 굴욕감 또는 혐오감을 느끼게 하거나 성적 언동 그 밖의 요구 등에 대한 불응을 계기로 고용상의 불이익을 주는 것'을 말한다.

(2) 성희롱 유형

[성희롱의 유형]

[표 5-10] 성희롱 유형

성희롱 유형 기준	성희롱 유형
행위에 따른 유형	신체적, 시각적, 언어적
성희롱 영향에 따른 유형	직접적, 간접적
책임 귀착에 따른 유형	가해자 책임형, 예방적 대처형 사회구조 책임형, 피해자 책임형
직장 내 주로 문제가 되는 성희롱	성적 괴롭힘형, 유혹적 형태형 성 뇌물형, 성적 부담형

[성적 언동의 유형]

[표 5-11] 성적 언동의 대표적 유형, 출처「남녀차별금지기준」 제17조〉

유형	특징
신체적 행위	· 입맞춤, 포옹 등 신체적 접촉행위 · 특정 신체부위를 만지는 행위 · 안마나 신체적 접촉을 강요하는 행위
시각적 행위	· 음란한 사진, 그림 등을 보여주거나 게시하는 행위(컴퓨터 통신 포함) · 성과 관련된 자신의 특정 신체부위를 고의적 노출
언어적 행위	· 음란한 농담이나 음탕하고 상스러운 이야기를 하는 행위 · 외모에 대한 성적인 비유와 평가 등의 행위 · 성적 사실관계 질문 및 성적 관련 내용의 정보를 의도적 유포하는 행위 · 회식자리 등에서 무리하게 옆자리에 앉히고 술을 따르도록 강요하는 행위
그 외 사회통념상 성적 혐오감 및 굴욕감을 느끼게 하는 언어나 행동	

(3) 성희롱 예방교육 필요성

직장내 성희롱 피해자에게는 성적 굴욕감 · 혐오감 및 심리적 불인감으로 마음에 깊은 상처를 남길 뿐 아니라 정상적 업무 수행을 어렵게 만든다. 또한 가해자에게는 사회적 비난과 직장 내 징계조치 등으로 심적 부담 외에도 경제적 손실을 입게 된다. 이러한 직장내 성희롱은 고용환경을 악화시켜 생산성 저하는 물론 법적 소송 등으로 이어지 경우 기업 이미지 손상 외에도 이에 따른 기업부담을 가중시킨다.

모든 근로자는 성희롱 없는 직장에서 자유롭게 일할 권리를 가지고 있고 근로자가 정신적 · 신체적 · 물질적 피해 입는 것을 막기 위해 직장내 성희롱 예방교육을 실시하고 있다.

(4) 성희롱 예방교육

[성희롱 방지 준칙]

- 공통 -

① 상대방을 인격과 존엄성을 가진 존재이며 함께 일하는 동료로 인정한다.

② 평소 직장 내 성희롱이 용납되지 않는 분위기를 만드는데 힘쓴다.

③ 공과 사를 명확히 구분하며 자신의 지위를 이용한 사적 만남을 강요하지 않는다.

④ 타 직원들의 외모나 사생활에 지나친 간섭을 삼간다.

⑤ 평소 타인과 불필요한 신체접촉을 피하고, 사생활 침해 소지가 있는 행동에 대해서는 먼저 확인을 구한다.

⑥ 회식자리 등에서 직원에게 술을 따르게 하거나 춤을 강요하지 않는다.

⑦ 직장에서 음담패설, 인터넷 음란 사이트 열람 등과 관련한 일체의 행동을 삼간다.

⑧ 상대가 명확한 의사표현을 하지 않아도 그것을 긍정의 의미로 오해해서는 안되며, 상대가 자신의 성적 언동에 적극적으로 동의하지 않고 불쾌한 표정이나 자리를 회피하면 이를 거부의사로 받아들여 즉시 행동을 중지한다.

⑨ 자신의 불분명한 대응은 상대의 오해를 불러일으킬 수 있으므로 성희롱으로 인한 불쾌함을 분명히 표현한다.

⑩ 성희롱을 당한 동료를 비난하는 것이 아니라 공동으로 대처한다.

⑪ 성희롱 예방교육에 적극 참여한다.

- 관리자 -

① 부하직원을 쓰다듬거나 안마를 요구하는 등의 신체접촉을 하지 않는다.

② 성희롱이 발생하지 않도록 예방에 적극 힘쓰며 성희롱 발생 시 지체 없이 대응조치를 한다.

③ 중재, 경고, 징계 등의 조치 이후 가해자가 보복 등을 하지 않도록 주시한다.

④ 성희롱을 당하면서도 적극 대응하지 못하는 피해자가 있을 시 개입하여 중지시킨다.

[성희롱 대처 방법]

① 명확한 거부의사를 표현한다.

피해자가 아무런 거부 표시를 하지 않으면 가해자는 함께 즐긴다고 생각하거나 자신의 행위가 친밀감의 표시였다고 생각할 수 있는 타당성을 얻기 때문에 의사소통의 왜곡이 없도록 분명하게 거부의사를 표현한다.

② 성적 언동에 대해 항의를 한다.

가해자에게 문제의 행동이 본인에게 불편과 업무적 방해가 되는지, 정확히 원하는 것이 무엇인지 명확하게 밝힌다. 만일에 대비하여 사건과 관련된 기록(날짜, 시간, 장소, 구체적 언동 내용, 목격자 등)을 문서화해 증거로 남기고 목격자나 증인의 증언 또한 서면으로 작성하여 남긴다.

③ 동료와 공동 대응하여 문제해결을 요구한다.

본인의 의사를 직접 전달하기 어려울 때는 동료와 공동으로 대응하며 내부 고충처리전담창구의 상담자 혹은 상급자에게 사실을 통보하고 가해자의 행동을 중지하도록 요구한다.

④ 회사에 대책마련을 촉구한다.

성희롱 관련 회사 사규를 확인하고 회사에 예장대책마련을 촉구한다.

⑤ 법적 구제를 요청한다.

직장 내에서 자체적으로 문제가 해결되지 않는다면 국가인권위원회, 고용노동부 등 외부기관을 통한 법적 구제절차를 진행한다.

[표 5-12] 직장내 성희롱 예방 교육 출처 「남녀고용평등과 일 · 가정 양립 지원에 관한 법률」

남녀고용평등과 일 · 가정 양립 지원에 관한 법률

제12조(직장 내 성희롱의 금지) 사업주, 상급자 또는 근로자는 직장 내 성희롱을 하여서는 아니 된다.
[전문개정 2007.12.21.]

제13조(직장 내 성희롱 예방 교육) ① 사업주는 직장 내 성희롱을 예방하고 근로자가 안전한 근로환경에서 일할 수 있는 여건을 조성하기 위하여 직장 내 성희롱의 예방을 위한 교육(이하 "성희롱 예방 교육"이라 한다)을 실시하여야 한다.
② 사업주 및 근로자는 제1항에 따른 성희롱 예방 교육을 받아야 한다. 〈신설 2014.1.14.〉
③ 제1항 및 제2항에 따른 성희롱 예방 교육의 내용 · 방법 및 횟수 등에 관하여 필요한 사항은 대통령령으로 정한다. 〈개정 2014.1.14.〉
[전문개정 2007.12.21.]

제13조의2(성희롱 예방 교육의 위탁) ① 사업주는 성희롱 예방 교육을 고용노동부장관이 지정하는 기관(이하 "성희롱 예방 교육기관"이라 한다)에 위탁하여 실시할 수 있다. 〈개정 2010.6.4.〉
② 성희롱 예방 교육기관은 고용노동부령으로 정하는 기관 중에서 지정하되, 고용노동부령으로 정하는 강사를 1명 이상 두어야 한다. 〈개정 2010.6.4.〉
③ 성희롱 예방 교육기관은 고용노동부령으로 정하는 바에 따라 교육을 실시하고 교육이수증이나 이수자 명단 등 교육 실시 관련 자료를 보관하며 사업주나 피교육자에게 그 자료를 내주어야 한다. 〈개정 2010.6.4.〉
④ 고용노동부장관은 성희롱 예방 교육기관이 다음 각 호의 어느 하나에

해당하면 그 지정을 취소할 수 있다. 〈개정 2010.6.4.〉

1. 거짓이나 그 밖의 부정한 방법으로 지정을 받은 경우
2. 정당한 사유 없이 제2항에 따른 강사를 6개월 이상 계속하여 두지 아니한 경우

⑤ 고용노동부장관은 제4항에 따라 성희롱 예방 교육기관의 지정을 취소하려면 청문을 하여야 한다. 〈신설 2014.5.20.〉
[전문개정 2007.12.21.]

제14조(직장 내 성희롱 발생 시 조치) ① 사업주는 직장 내 성희롱 발생이 확인된 경우 지체 없이 행위자에 대하여 징계나 그 밖에 이에 준하는 조치를 하여야 한다.
② 사업주는 직장 내 성희롱과 관련하여 피해를 입은 근로자 또는 성희롱 피해 발생을 주장하는 근로자에게 해고나 그 밖의 불리한 조치를 하여서는 아니 된다.
[전문개정 2007.12.21.]

제14조의2(고객 등에 의한 성희롱 방지) ① 사업주는 고객 등 업무와 밀접한 관련이 있는 자가 업무수행 과정에서 성적인 언동 등을 통하여 근로자에게 성적 굴욕감 또는 혐오감 등을 느끼게 하여 해당 근로자가 그로 인한 고충 해소를 요청할 경우 근무 장소 변경, 배치전환 등 가능한 조치를 취하도록 노력하여야 한다.
② 사업주는 근로자가 제1항에 따른 피해를 주장하거나 고객 등으로부터의 성적 요구 등에 불응한 것을 이유로 해고나 그 밖의 불이익한 조치를 하여서는 아니 된다.
[본조신설 2007.12.21.]

시행령 제3조(직장 내 성희롱 예방 교육) ① 사업주는 법 제13조에 따라

직장 내 성희롱 예방을 위한 교육을 연 1회 이상 하여야 한다.
② 제1항에 따른 예방 교육에는 다음 각 호의 내용이 포함되어야 한다.

1. 직장 내 성희롱에 관한 법령
2. 해당 사업장의 직장 내 성희롱 발생 시의 처리 절차와 조치 기준

3. 해당 사업장의 직장 내 성희롱 피해 근로자의 고충상담 및 구제 절차
4. 그 밖에 직장 내 성희롱 예방에 필요한 사항

③ 제1항에 따른 예방 교육은 사업의 규모나 특성 등을 고려하여 직원연수 · 조회 · 회의, 인터넷 등 정보통신망을 이용한 사이버 교육 등을 통하여 실시할 수 있다. 다만, 단순히 교육자료 등을 배포 · 게시하거나 전자우편을 보내거나 게시판에 공지하는 데 그치는 등 근로자에게 교육 내용이 제대로 전달되었는지 확인하기 곤란한 경우에는 예방 교육을 한 것으로 보지 아니한다.
④ 제2항 및 제3항에도 불구하고 다음 각 호의 어느 하나에 해당하는 사업의 사업주는 제2항 제1호부터 제4호까지의 내용을 근로자가 알 수 있도록 교육자료 또는 홍보물을 게시하거나 배포하는 방법으로 직장 내 성희롱 예방 교육을 할 수 있다. 〈개정 2014.12.30.〉

1. 상시 10명 미만의 근로자를 고용하는 사업
2. 사업주 및 근로자 모두가 남성 또는 여성 중 어느 한 성(性)으로 구성된 사업

⑤ 사업주가 소속 근로자에게 「근로자직업능력 개발법」 제24조에 따라 인정받은 훈련과정 중 제2항 각 호의 내용이 포함되어 있는 훈련과정을 수료하게 한 경우에는 그 훈련과정을 마친 근로자에게는 제1항에 따른 예방 교육을 한 것으로 본다.

5. 자기개발비전 제시

1) 자기개발(Self-development)

(1) 자기개발 정의 및 개념

자기개발이란 자신의 가치를 증대시키기 위해 투자하는 일종의 자기노력으로, 자기에게 필요한 지식 및 기술 습득 활동이다. 기업체에서 직원들의 능력향상이나 자기성장을 위해 도입되어, 자신의 강점과 약점을 파악하여 강점을 살리고 약점을 보완하여 개인의 목적을 성취함과 동시에 조직의 효과성에 대해 그들의 충분한 잠재력을 활용하도록 하는 작업이다.

빠르게 변화하는 경영환경에서 기업이 경쟁력을 갖고 살아남기 위해서는 탄력적이고 변화지향적인 인재를 필요로 함에 따라 개인차원에서 자기개발의 중요성이 더욱 강조되고 있다.

조직이 성공하기 위해서는 조직 구성원의 재능이나 능력을 극대화 할 수 있는 조직역량이 중요시 되는데 이를 위해 조직은 개인에게 학습을 지원할 수 있는 자원을 제공하고 개인은 자신의 능력개발에 대한 책임감을 가져야 한다. 특히, 조직목표, 성과 요구사항 등 조직이 기대하는 바를 충족시킬 수 있는 능력이 무엇인지, 무엇을 해야 하는지에 대한 정보와 통찰이 필요하다.

(2) 자기개발 계획

① 피드백 탐색

피드백 결과와 자기평가와의 비교를 통해 요구되는 기술 및 지식 즉 개발기회 발견

② 개발 목표 설정

③ 개발활동 참여

④ 진행과정 점검

이행 상황을 평가해 자신의 변화된 능력 인지

(3) 조직에서의 자기개발 지원

· 피드백

· 코칭(coaching)

· 개발자원(resources for development)

(4) 직원의 개발 의욕 고취를 위한 조직의 노력

① 보상시스템

조직이 제시한 목표 달성을 보상. 예)인센티브, 성과급

② 교육시스템

조직이 요구하는 기술과 직원이 보유한 기술의 간극을 좁히기 위한 교육시스템

③ 정보시스템

성과에 관한 명확한 자료 제공

2) 동기부여(Motivation)

(1) 매슬로우의 동기부여 이론

매슬로우(Abraham Maslow)의 동기부여이론(Motivation Theory)에서 인간 본성에 대한 가정을 세우고 인간의 욕구가 그 중요도에 따라 일련의 단계를 형성한다는 욕구단계설(Maslow's hierarchy of needs) 을 개발하였다.

매슬로우는 인간의 내부에는 기본 욕구에서부터 상위욕구까지 단계를 이루는 다섯 가지 욕구가 존재하는데, 하나의 욕구가 충족되면 위계상의 다음 단계에 있는 다른 욕구가 나타나서 그 충족을 요구하는 식으로 체계를 이룬다. 가장 먼저 요구되는 욕구는 다음 단계보다 달성하려는 욕구가 강하며 기본적인 욕구가 만족스럽게 채워지면 다음의 상위욕구를 채우려 한다.

[욕구단계이론]

1단계 : 생리적 욕구(Physiological Theory)

욕구의 가장 첫 단계는 인간에게 가장 기초적인 기아를 면하고 생명유지를 위한 욕구로써, 의 · 식 · 주에 관한 욕구에서 성적 욕구까지 포함한다.

2단계 : 안전 욕구(Safety Needs)

생리적 욕구가 충족된 후에 나타나는 욕구로써 위험, 위협, 박탈 등 신체적 및 감정적인 위험으로부터 자신을 보호하고, 안전해지고자 하는 욕구이다.

3단계 : 사회적 욕구(Social Needs)

생리적 욕구와 안전 욕구가 어느 정도 충족되면 인간의 사회적이고 사교적인 동료의식을 조성하기 위한 욕구로써 소속감, 애정, 우정, 사랑 등을 포함한다.

4단계 : 존경 욕구(Esteem Needs)

소속되려는 욕구가 어느 정도 만족되면 인간은 단순한 구성원 이상의 욕구가 생긴다. 이는 타인으로부터 인정받고 존경받고자 하는 외적 존경 욕구와 자신감, 성취감, 지식, 독립심과 같은 내적 존경 욕구이다.

5단계 : 자아실현 욕구(Self-Actualization)

존경의 욕구가 어느 정도 충족되면 다음에는 능력 발휘와 자기계발과 같은 자아실현 욕구가 나타난다. 이는 계속적인 자기 발전을 위하여 자신의 잠재력을 최대한으로 발휘하는데 초점을 둔 욕구로 다른 욕구와는 달리 욕구가 충족될수록 더욱 증대되는 경향을 보여 '성장 욕구'라고 하기도 한다.

(2) 동기부여의 실제

'우수인재가 많은 곳 보다 동기부여가 잘 되는 기업에서 그 성과는 더 크다.'

구조조정, 합병, 다운사이징 등 직장 안정성이 저하되고, 기업 간 인력이동이 예전보다 수월해지면서 직장인들의 회사에 대한 충성심과 일에 대한 몰입도가 갈수록 낮아지고 있다고 한다. 그러나 회사의 지속적인 성장을 하기 위해서는 직원들의 높은 충성심과 일에 대한 몰입이 절실하다. 때문에 기업에서는 직원의 단순한 만족 차원을 넘어 적극적인 몰입을 이끌어 낼 수 있는 동기부여에 대해 더욱 고민해야 할 것이다.

(3) 동기부여 강화

① 직무가치의 고도화(Right Job)

직장인의 동기부여에 영향을 주는 요인은 1.일의 경력 성장 가능성과 2.담당하고 있는 일의 가치 그리고 3.주도적으로 일할 수 있는 환경 등이다.

즉 담당하고 있는 일을 통해 성취감과 흥미를 느끼고 성장하고 있다는 자부심을 갖도록 일의 가치를 높이는 데 초점을 맞춰야 한다. 회사와 조직은 금전적 보상보다 더 강력한 동기부여 효과를 가진 성장 비전을 줄 수 있도록 노력하는 것이 중요하다.

② 공정한 보상(Right Reward)

보상을 통한 동기부여의 핵심은 구성원들에게 '성과를 낸 만큼 보상받을 수 있다'는 기대감을 주는 것이다. 성과에 대해서는 공정하게 평가하고 그에 합당한 보상을 제공해 더 높은 성과를 내기 위한 노력과 의욕이 시들지 않게 해야 한다.

이 때 보상의 절대적 금액 외에도 성과 차이에 따른 차등보상을 하는 것이 강력한 동기부여효과에 매우 중요한 요소이다.

③ 육성가적 리더십(Right Leadership)

아무리 가치 있는 일을 부여하고 공정한 보상제도를 마련하더라도 리더가 인재를 육성하는 활동을 하지 않는다면 그 효과를 발휘할 수 없다. 리더의 진정한 성공은 제2의 리더들을 많이 양성하여 리더십 능력을 확대 재생산 하는 것이다. 그리하여 자신이 조직을 떠나더라도 계속해서 성장할 수 있는 힘을 갖기 때문이다.

리더는 구성원들이 자신의 꿈과 성장 비전을 달성할 수 있도록 기회를 제공해 주는 등 인재육성 활동에 보다 많은 노력을 기울여야 한다.

3) 리더십

(1) 리더와 리더십

리더란 조직의 목표를 실현시키기 위해 책임을 지고 이끌어 가는 사람이며, 조직의 목표를 실현하기 위해 조직 구성원들을 이끌어가는 능력과 힘을 리더십이라 한다.

자기 행동을 최대한 억누르고 조직원의 실천력을 최대한 끌어 낼 수 있는 자가 현명한 리더이며, 보통의 사람들을 도와 뛰어난 결과를 이끌어 내도록 상대방을 이해하고 배려하는 교감능력이 리더십의 본질이다.

(2) 리더십 중요성

미국의 경영학자 Hout와 Carter는 우수한 신제품 개발로 성공을 거둔 선진국가의 기업들의 핵심 역량이 무엇인지 연구한 바 있는데, 결과는 시스템 차원의 경영 프로그램 면에서는 우수기업과 보통기업들 간에 별다른 차이가 없었고 기업의 성과 차이를 가져오는 결정적 역량 요인은 바로 리더들의 리더십에 있었다. 이는 조직구조, 인사제도 등 하드한 시스템적 요인들 보다는 시스템들이 잘 작동할 수 있도록 하는 소프트한 요인이 기업성과의 핵심역량임을 보여 주고 이러한 핵심역량의 근간은 리더의 리더십에 있음을 의미한다.

(3) 리더십 유형

① 셀프리더십

모든 일을 함에 있어 자신이 주도적으로 수행하며 결과에 책임을 지는 태도를 의미한다.

② 봉사적 리더십

높은 직급의 사람이 아니라 어떠한 위험도 기꺼이 감수하며 봉사하겠다는 마음을 가진 사람, 규칙에 얽매이지 않고 창조적이고 베풀 줄 아는 사람, 남의 말을 경청할 줄 아는 사람이 봉사적 리더십을 갖춘 사람이다.
봉사자로서의 리더는 조직 내 차이점을 수용하고 다양성을 장려할 줄 아는 사람이다.

4) 근무환경

직원들이 희망과 보람을 가지고 만족스러운 근무할 수 있도록 공정한 보수 체계, 안전한 근로 환경 조성, 능력을 발휘할 수 있는 기회 제공, 성장과 안정을 위한 교육 기회를 제공한다.

(1) 복리후생

복지후생, 후생복리, 후생복지, 비임금급여 등 다양한 용어로 사용되고 있으며, 근로환경 개선과 업무 효율 및 근로생활의 안정을 위해 기본임금이나 상여금, 수당 이외에 제공되는 제도, 시설 등의 정책과 활동.

① 휴일 및 휴가 제도

직원의 재충전을 위해 충분한 휴식을 취할 수 있도록 휴일 및 휴가를 지정한다.

② 4대 보험, 퇴직금

연금보험, 의료보험, 고용보험, 산업재해보상보험 4대 공적보험 외 퇴직금의 강제적 실행과 비용의 일부분을 기업이 지원한다.

③ 경조비 지급

· 축의금 : 본인의 결혼, 형제자매의 결혼, 부모 회갑 또는 칠순, 출산 등
· 조의금 : 부모의 사망, 배우자의 사망, 본인 및 배우자의 형제자매의 사망 등

④ 연차제도

1년 8할 이상 근무 시 15일의 유급 휴가 발생

⑤ 식사 제공, 급식시설(구내식당 등)

직원의 건강한 생활을 위해 균형 잡힌 위생적인 식사를 제공하여 업무 효율성을 높인다.

⑥ 기숙사 제공, 사원아파트

⑦ 임산부 보호 제도

⑧ 피복제도

⑨ 자기개발(건강, 문화공연) 지원

⑩ 휴양시설

⑪ 기타

[참고문헌]

고상동 김범태, 호텔 서비스 매너와 실무, 백산출판사, 2011

이병철 외, NCS 적용 교육! 피부미용 고객상담, 메디시언 2015

김은숙 외, NEW 미용경영학, 메디시언 2015

임은진 외, 뷰티 매니지먼트, 청람 2011

김기연 외, 뷰티테라피, 현문사 2013

이범식 외, 영화 속 미용 경영학, 훈민사 2011

Vera Koslova-Fu (2007), Cressy's Beauty Therapy Fact File, Elsevier Australia.

SRI International (2010), "Spas and the Global Wellness Market: Synergies and Opportunities." Global Spa Summit, P19-20.

Mary S. Wilson and Lisa L. Capozio (2012), Spa Management: An Introduction, Pearson, P200-204.

정혁진(2004).「호텔 스파 프로그램 비교 연구 :한국, 오스트리아, 태국의 호텔 스파를 중심으로」, 경희대학교 대학원 석사학위논문

정미주(2015).「호텔스파 테라피스트와 데이스파 테라피스트의 직무 만족도 비교」, 건국대학교 대학원 석사학위논문

홍기향(2014).「서비스 매너 중요도가 매너교육 요구도와 실천도 및 직무만족에 미치는 영향 : 미용실 종사자를 중심으로」, 서경대학교 대학원 석사논문

유진우(2012).「호텔 휘트니스의 서비스품질과 호텔 이미지 및 구매 후 행동의 관계」, 단국대학교 대학원 석사학위논문

석혜정(2006).「고객 유형별 접객 서비스가 판매 효과에 미치는 영향」, 중앙대학교 대학원 석사학위논문

손수진(2006).「DISC 행동유형과 욕구충족이 leader-followership의 상호작용에 미치는 영향 연구」, 경희대학교 대학원 박사학위논문

경미연(2013). 「고객 DiSC 행동유형에 따른 보상서비스프로그램의 유형에 대한 연구 : 렌탈 서비스 제품 사용 고객 중심으로」, 이화여자대학교 대학원 석사학위논문

윤은규(2009). 「B2B 영업사원의 DiSC 행동유형이 영업성과에 미치는 영향에 관한 연구」, 아주대학교 경영대학원 석사학위논문

장영하(2016). 「헤어샵 예약제 실시에 따른 고객만족과 추천의사」, 서경대학교 대학원 석사학위논문

양창식(2009). 「중저가 호텔의 객실 예약만족과 재방문에 관한 연구」, 한양대학교 국제관광대학원 석사학위논문

왕갑하(2010). 「호텔종사원 채용과 교육훈련에 대한 한 중 비교연구」, 청운대학교 대학원 석사학위논문

박한(2007). 「호텔기업의 교육훈련과 조직환경이 직원의 서비스 품질과 동기 부여에 미치는 영향」, 세종대학교 관광대학원 석사학위논문

김혜미(2012). 「호텔 신입사원의 OJT(직장 내 교육)에 대한 만족이 조직몰입에 미치는 영향 : 심리적 주인의식의 매개효과를 중심으로」 세종대학교 대학원 석사학위논문

두우주(2015). 「호텔 서비스 품질이 고객 만족과 고객 충성도에 미치는 영향」, 한중대학교 대학원 석사학위논문

조용진(2015). 「호텔 예식연회의 서비스품질이 고객만족과 행동의도에 미치는 영향에 관한 연구」, 우송대학교 대학원 석사학위논문

윤기열(2003). 「호텔 내 협력부서의 업무지원활동이 종사원 만족과 경영성과에 미치는 영향 연구」, 경기대학교 대학원 박사학위논문

리우리(2015). 「호텔 서번트 리더십이 직무만족에 미치는 영향」, 청주대학교 대학원 석사학위논문

이원제(2015). 「골프연습장 서비스 품질이 고객만족과 고객충성도에 미치는 영향」, 성균관대학교 대학원 석사학위논문

김민경(2014). 「뷰티 스타일링이 퍼스널 이미지 메이킹에 미치는 영향」, 숙명여자대학교 대학원 석사학위논문

정영희(2009). 「이미지 메이킹을 위한 메이크업의 효과에 관한 연구」, 숙명여자대학교 대학원 석사학위논문

김형자(2008). 「외식업체 유형별 불만족 고객의 불평행동, 불평처리기대, 보상요구 및 업체 신뢰도의 차이연구」, 신라대학교 대학원 석사학위논문

박진홍(2008). 「고객불만 대응서비스 요인별 분석과 고객 신뢰회복에 미치는 영향 분석」, 경희대학교 경영대학원 석사학위논문

홍순식(2012). 「호텔 안전관리 업무의 직무형태가 신뢰성 및 고객만족에 미치는 영향」, 용인대학교 대학원 석사학위논문

이대영(2016). 「개인정보보호를 위한 기업 내부역량 강화 방안에 관한 연구」, 서울과학종합대학원대학교 박사학위논문

송미덕(2010). 「공공기관 성희롱 예방 교육 프로그램이 성희롱 통념지수 및 성희롱 인지력에 미치는 영향 : A 공공기관 공익근무요원을 중심으로」 숙명여자대학교 대학원 석사학위논문

박수진(2006). 「항공사 객실승무원의 교육훈련과 자기개발에 대한 인식이 자긍심, 직무만족 및 조직몰입에 미치는 영향」, 경희대학교 관광대학원 석사학위논문

이기섭(2008). 「호텔 직원에 대한 직무교육훈련 참여정도가 업무성과에 미치는 영향에 관한연구」, 세종대학교 산업경영대학원 석사학위논문

홍란희 외 1명(2006). 「스파살롱내 딸라소테라피 프로그램에 대한 연구」, 한국패션뷰티학회지

「커뮤니케이션」 대화 예절, 리드교육원 2016

「개인정보보호법」 개인정보보호 종합포털 , 행정자치부 2016

「직장내 성희롱 예방교육」, 여성가족부 2013

「직장 내 성희롱 예방대응 매뉴얼」, 고용노동부 2016

「에티켓」 네이버지식백과 (두산백과) 2016

스파&라이프 2003

http://blog.naver.com/bj2101/90172939561

http://blog.naver.com/kkb1991/220221626064

http://cafe.naver.com/best01hotel01/1801 부산호텔관광교육원

http://cafe.naver.com/serviceacademy/13202 서비스아카데미

http://cafe.naver.com/cswith/22012 위드 CS 교육연구소

www.hotelrestaurant.co.kr

www.mediquest.co.kr

www.rasovai.com

저자약력

김 윤 정 교수

현) 명지전문대학 뷰티매니지먼트과 학과장

정 미 주 교수

전) 신라호텔 겔랑스파 매니저

현) 명지전문대학 뷰티매니지먼트과 외래교수

호텔 스파 매니지먼트

2017년 2월 28일 (1판 1쇄 발행)
2021년 9월 10일 (1판 2쇄 인쇄) / 2021년 9월 15일 (1판 2쇄 발행)
지은이. 김윤정, 정미주
펴낸이. 고범석 | 펴낸곳. 가담플러스. 서울시 마포구 동교로 144-7 영일빌딩
등록. 2011년 8월 23일 제 2013-000043호
E-mail. gadambooks@naver.com
www.gadambooks.com

ISBN 979-11-86447-18-5 93590 가격 **18,000**원